媒介策划与创意实务

MEIJIE CEHUA YU CHUANGYI SHIWU

郭媛媛　刘建一
李佳蔚　谭宇菲 ◎ 编著

首都经济贸易大学出版社
Capital University of Economics and Business Press
·北　京·

图书在版编目(CIP)数据

媒介策划与创意实务/郭媛媛等编著. --北京：首都经济贸易大学出版社，2019.12

ISBN 978-7-5638-3030-5

Ⅰ.①媒… Ⅱ.①郭… Ⅲ.①传播媒介—策划 ②广告—策划 Ⅳ.①G206.2 ②F713.81

中国版本图书馆CIP数据核字(2019)第257426号

媒介策划与创意实务

郭媛媛　刘建一　李佳蔚　谭宇菲　编著

责任编辑　小　尘

封面设计　砚祥志远·激光照排 TEL: 010-65976003

出版发行　首都经济贸易大学出版社

地　　址　北京市朝阳区红庙（邮编100026）

电　　话　(010)65976483　65065761　65071505(传真)

网　　址　http://www.sjmcb.com

E-mail　publish@cueb.edu.cn

经　　销　全国新华书店

照　　排　北京砚祥志远激光照排技术有限公司

印　　刷　唐山玺诚印务有限公司

开　　本　710毫米×1000毫米　1/16

字　　数　189千字

印　　张　10.75

版　　次　2019年12月第1版　2023年8月第3次印刷

书　　号　ISBN 978-7-5638-3030-5

定　　价　38.00元

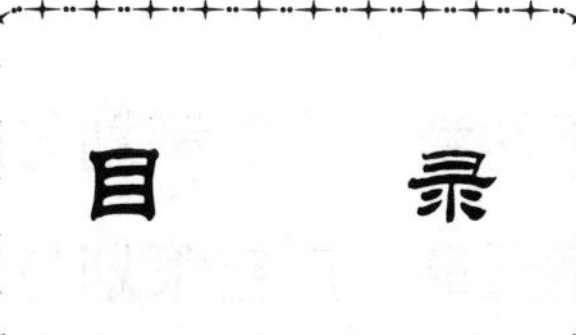

目录

上篇　媒体策划与创意

下篇　广告策划与创意

上篇　媒体策划与创意

第一章　媒体策划与创意思维方法

第一节　媒体策划与创意概述

一、媒体策划概述

当前，随着媒介技术的进步和其对社会生活影响力的扩展，对媒体内容、生产、运营等方面进行主动地把控，使媒体策划成为现代传媒的一项常规工作。

（一）媒体策划

在《辞海》与《现代汉语词典》中，“策划”被定义为筹划或谋划，是“指定工作计划”和“想办法”。媒体策划则是指媒体借助于媒介资源，为实现某一目标而进行的兼具理性与创意特质的人类社会思维与实践活动。策划者、策划目标、创意与思维、方案与实践是媒体策划的基本要素。其中，策划目标是媒体策划的方向；理性是贯彻在策划活动中的主线；创意是策划的核心；拟选方案是媒体策划的实现前提；操作、执行并使策划方案最终落实于实践，实现创意，是媒体策划的方法和途径。

媒体策划作为一项常见于当下社会的人类思维与实践活动，主要由策划者、策划依据与策划方法、策划对象、策划效果预测和评估等构成其行为要素与环节。

1. 策划者是媒体策划活动的主体，负责活动的执行和展开。

2. 策划依据与方法即媒体策划需要运用科学的手段和方法，对可资利用的资源进行分析、研究、整合和运用，在开展创造性思维活动基础上，选择、执行明智的策略和正确的战略。

3. 策划对象是媒体策划的客体，是策划主体自身所从事的策划活动，而不是策划主体所要反映的客观存在。

4. 基于事物的判断和未来效果的预测是策划的必然要求，策划的结果需要有明确的答案，并在具体实践中加以检验。所以，策划效果预测和评估在媒体策划中不可或缺。

媒体策划具有普遍性、首位性、目的性、效率性、弹性等特性，即策划在媒体行业普遍存在,媒体策划已经成为所有媒体放在第一位的工作重点。媒体策划工作要求具有明确的工作目标,以实现社会、经济双效益为追求,讲求高效、低耗,并且需要媒体策划人始终将面向未来、具有一定不确定性的媒体策划中的灵活性,作为自己工作的特征去理解、去把握,并加以实施和推动。

(二)媒体策划种类

在具体的媒体策划活动中,因为不同的标准,有以下几种分类。

1. 依据媒介生产的内容与范围,可分为:媒体产业策划,媒介总体策划,新闻报道策划,非新闻类传播内容、版面(节目)策划,媒介营销策划,媒介形象策划,广告营销策划,其他产品和服务的营销策划。

2. 依据时长角度依据,可分:短期策划、中期策划、长期策划。

3. 依据策划目的依据,可分为:公关策划、创意策划、市场策划、战略策划、行业策划、项目策划。

4. 依据策划的层次,可分为:微观(业务)策划、中观(经营管理策略)策划、宏观(全局、全面、长远的战略)策划。依据策划层次,则分为:微观策划——媒介产品(报纸、杂志、广播电视节目、网页等)的设计、制作;中观策划——对媒体营销活动以及员工构成、内部管理、资产资金、技术设备,以及传媒的其他各类经营活动和社会活动等进行运筹和规划①;宏观策划——媒体的战略部署、受众定位、经营方针等。

5. 依据媒体资源的开发角度,可分为:产品策划、营销策划(市场)、媒介策划(形象与活动)。

二、媒体策划实务工作程序

媒体策划作为媒体运作中一项由一系列具体环节构成的复合性工作,是策划与经营、管理相连接的一项传播业务,它兼具理性和创意,有明确的工作目标,追求媒体资源的最大发掘与最佳配置。

作为具有前瞻性、体系性且实操性强的媒体策划,一般从市场调研、信息分析的基础工作开始,主要包括目标策划、主题与创意策划、策略策划、流程策划、预算策划、活动执行计划策划等主要的工作内容和环节。

(一)目标策划

目标策划即根据媒体自身的实际情况,确定具体项目或产品策划要实现的

① 蔡雯. 新闻传播的策划与组织[M]. 北京:新华出版社,2001.

预期目标。

借助市场调研或其他信息收集、分析手段，媒体策划者需要首先了解媒体自身的实际。根据策划对象的不同，可以了解媒体在当前行业中的地位和影响力等方面的情况，即将要完成策划的媒体产品的特性，产品在市场上的占有率、知名度、美誉度等情况，或者比较所要策划产品与竞争产品各自的优劣势，了解媒体及策划对象产品所处的市场阶段、媒体产品现在的市场目标等。与之相关的问题是：现在我们媒体或产品在行业、市场中的位置在哪里、怎么样？与之相关的为：①环境调研，含政治、经济、法律、社会、风土民情等环境情况。②目标项目、产品调研，主要为项目、产品特征、类型等具体情况，比较项目或产品在市场上的差异性优势，了解相关策划对象的知名度、美誉度情况，以及媒体、项目、产品所处的发展阶段。③目标受众情况调研，含目标受众构成、需求、态度及受众心理发展趋势等方面的情况。④竞争媒体或项目、产品竞争对手调研，含竞争对手的基本情况及地位、目标、手段等相关情况。

在相关调研、信息分析的基础上，制定策划的预期目标。预期目标也要根据对象不同，确立为提升媒体形象，提高媒体产品的知名度与美誉度，提高媒体产品的销量，提升媒体产品的影响力，加强媒体与消费者的联系与沟通，帮助新产品招商、市场推广，或抑制或打击竞争对手等。确定预期目标的过程，就是在弄清媒体、项目、产品品牌形象或者销量、客户关系、广告招商、市场推广、竞争对手等情况后，通过这次策划达成想要实现的目标。

（二）主题和创意策划

确定本次产品或项目策划的主题，考虑用什么样的创意内容与形式；回答为达成媒体的预期目标，本次策划将用什么主题加以贯穿，具体用什么样式帮助实现目标。

（三）策略策划

分析并找到媒体策划的对象是什么并提出具体策划方案。首先，弄清楚此次策划是与媒体的理念相关，是与企业文化、宣传定位、媒体形象相关，还是与媒体产品、媒体品牌、媒体产品购买群体和消费群体相关。其次，回答整个项目或产品用什么样的方法、手段，怎么做。策略策划是媒体策划的重点，需要围绕媒体要实现的目标、市场、项目或产品及品牌定位、品牌和产品的营销、目标受众等提出具体、针对性的解决方案。

（四）流程策划

流程策划是指媒体策划的具体项目或产品创意生产实施的先后顺序和流

程。将先做什么后做什么列入表中，以方便执行和检查。

（五）预算策划

预算策划是指保证整个策划得以顺利实施须支出的财力与物力。一般采用列表的形式，将大项支出和其他一般性的事务支出列清，说明在执行本项目时要用多少钱，钱都用在哪里。预算需在估算预支项目总额的基础上上浮 10% ~ 15%，以备具体执行项目时其他支出的发生。

（六）活动执行计划策划

活动执行计划是指根据此次策划的内容和发生时间写出的详细文字方案。进行活动策划，需要列出各种相关计划表，如媒体计划表、费用计划表、具体活动日程表，以及注意事项、执行要点、附录材料等。

上述策划内容分类贯穿并体现于每次媒体策划过程。围绕这些策划分类，具体开展媒体策划工作，其流程和环节如图 1－1 所示。

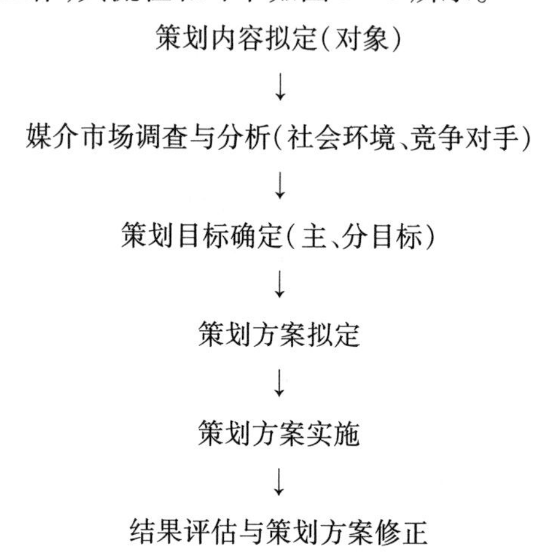

图 1－1　媒体策划工作流程和环节

资料来源：蒙南生．媒体策划与营销［M］．北京：中国传媒大学出版社，2007.

三、媒体策划与创意者应具备的知识与能力

从事媒体策划工作是一项对知识、能力等要求都较高的工作，媒体策划者必须具备丰富的知识、综合的素质，以及专业实操能力。策划水平的高低以及能否较好地实现策划目标，与策划者本身的知识水平、素质、能力等密切相关。

（一）复合型知识

媒体策划者的知识结构应是复合型的，特别需要进行跨学科的专业素养培育。要成为一名合格的媒体策划人，需要掌握经济学、管理学、社会学、传播学

和文学艺术学等多门学科的理论知识。

1. 经济学知识，包括：市场理论，包括宏观市场理论和微观市场理论；企业管理理论，特别是市场营销理论；消费者理论，主要是消费行为学和消费心理学等。

2. 管理学知识，包括：关于人、资源、行为和职能、组织和制度、关系、文化和价值等要素、形态的知识；关于人本、组织、过程循环、择优、权变、反馈规律等一般管理学规律的知识；关于管理过程中不同形态、管理领域、管理组织、管理部门、管理层次等特殊规律的知识；组织管理学的知识，包括组织设计、组织运作、组织调整的系统、模式、理论等。

3. 社会学知识，包括：社会组成、社会构成、社会存在形态的基本知识。

4. 传播学知识，包括：传播学，关于信息传播的原理和基本规律；媒体学，主要包括报纸、杂志、广播、电视、网络等大众传媒的传播特性知识；新媒体知识，学习数字技术为主导的新型媒体的传播方法和传播特性。

（二）综合素质

媒体策划者还需要具备综合素质，主要体现在策划者是否具有发现力、创意力和协调力（配置力）。

1. 发现力，一方面是指在平时观察及思考的过程中，发现和寻找项目的能力①；另一方面是指发现所策划项目（产品）的价值或卖点的能力，以及发现可能出现以及要解决的问题的能力。

项目的价值是指所策划的项目对于其他人是具有价值的。价值有大小，并不完全等同于常说的市场卖点。市场卖点对于传播机构很重要，但同时，媒体还需要关注社会影响。因此，媒体策划的项目（产品）可以从商业与社会两个影响力上体现其价值。

2. 创意力指的是媒体策划人应该具备与众不同的想法，创意是媒体策划的核心。“无创意不媒体，无媒体不创意”，媒体策划人必须在很大程度上体现“创意人”的特质。

3. 协调力（配置力）是对媒体策划人更高的要求。媒体运作要求团队成员形成紧密的分工协作关系。由此，如何和不同的人、不同的工作部门、不同的社会层面形成良好的协同以至于合作，是媒体策划人是否具备协调力，能够顺利、专业地开展业务工作的重要体现。媒体策划人的协调力还是一个基本能力，体

① 黄著诚，程鹤麟，张绍纲. 电视企划论纲[M]. 南宁：广西人民出版社，1998.

现在对媒体资源的挖掘和匹配力上。通过理性的把握,运用富有创意的思维对所拥有的媒体资源进行最好的配置,使资源在媒体策划目标的统领下实现最大效能,是媒体策划的基础也是成功的关键。

媒体从事信息传播活动所需要的自然、社会资源等都叫媒体资源。如单从媒介实现的新闻传播功能的角度上分,媒体资源有环境资源,即政策性信息、竞争者情况;信息资源,即背景性信息、前景性信息、相关性信息;媒介资源,即人力资源、新闻报道保障系统、传播符号;受众资源,即受众的需要、受众的期望;等等。

策划者是否具备协调力或配置力,正是指对以上资源的整合、匹配能力。体现在具体项目或产品的策划过程中,可表现为具体媒介传播相关环节中的要素配置,使用的思路、规划、计划等。

例如,内容资源配置,对于节目或版面的内容策划来说,一方面可能是同一主题不同版面、不同栏目的联合运作,另一方面还是一个内容素材的多次利用、多种开发,或使零散的节目内容集合成一个有规模的大节目;对于活动的内容策划来说,则是围绕活动目标、主题、活动形式,以及风格、特色等的整体性加以把握和联动性匹配等。

人力资源配置,是最大限度地挖掘、发挥每个人的才能,使每个人的才能朝向有利于项目目标实现的方向发展。人力资源配置在具体运作中表现为科学合理地配置团队成员,在“人各其位、人尽其才”中既发挥每个人的能力优势,规避能力不足,又促使“1+1 > 2”效果的实现,从而使每个人发挥出比他个人才能大得多的能力。由此,人力资源配置不仅仅是协调,还是让具有不同能力优势的分散个体,组成有共同目标,围绕共同项目形成良性互动、共建共为的团队。团队能力必须超过个体能力的简单相加。

物质资源配置,是指媒体策划需要对硬件设备有详尽的使用、配置计划。

资金资源配置,是指对资金进行预算和使用。媒体策划人需要能提供资金的配置思路和计划。一般需要对以下几个方面有粗疏把握和明确描述:①资金来源。②资金额度及用途,包括大笔支出款项,其他常规支出。③效益预测,其中含产量或规模、项目品种类型与等级、其他关联产品(如有视频、画册、各种纪念品等派生产品等)、预测效益收益等。其中,效益预测需要列出总效益、合作者效益、扣除合作者效益之后的媒体收益等。④现金使用分析,包括:需要多少现金、什么时候需要、现金的获得方式①。

（三）专业实操能力

媒体策划是一项综合实践活动，在学习中策划者需要强化媒体实务操作训练，才能具备并逐渐提升媒体策划创意能力。

1. 信息采编、分析能力。这包括对目标信息的迅捷搜集、编辑、处理，加以归纳、分析、总结和进行判断，以及将信息有效运用于行为决策环节的能力。

2. 资源整合、分配能力。这包括能深入挖掘、了解和把握媒体所具备的人力、物力、财力等资源，并将资源进行最佳组合、配置，策划、实施媒体相关项目，以实现最大效益的能力。

3. 产品或项目创意、策划、规划能力。媒体策划包括产品或项目、团队组织与管理、生产或运作等工作环节的创意、策划与操作。所以，媒体策划者需要灵活运用跨学科的知识，具备创意、策划项目或产品的专业能力。

4. 撰写策划文案能力。媒体策划人依据所策划的对象不同，需要进行不同媒体产品、媒体项目或活动的策划文本、提案、计划等的撰写和准备。撰写策划文案应熟悉规范的策划文案文本样式，要有简洁明了的文字功底和表达方式，善于运用数据、图片等辅助资料等。

5. 团队组织、协作能力。这包括团队的工作计划，团队部门与工作、事务的协调，以及对团队成员加以领导、控制的能力。媒体策划主体需要精诚合作，才能创意、策划出完善的媒体文本方案，并付诸实施。

在以上几种主要的能力以外，要成为一个优秀的媒体策划人，还需要具有市场调研能力、语言表达能力、公关能力、现代传播媒介整合应用能力等。由于媒体策划所需的素质、能力的综合性、跨学科性、应用性要求较高，要培养合格的媒体策划人才，需要在学校的实验教学、课外学习以外，更多地与媒体行业一线工作人员紧密合作，带领学生及时参与到行业实践中，培育并提升学生媒体策划的素质和能力。

第二节　媒体创意思维方法

在媒体策划中，创意思维具有重要作用，对能否做好策划并实现策划活动的成效具有关键意义。

---

① 黄著诚，程鹤麟，张绍纲．电视企划论纲[M]．南宁：广西人民出版社，1998.

一、媒体策划与创意的要求

媒体策划虽然更强调合理的资源利用与匹配，科学的内容规划与环节设计，有序、高效的工作组织与推进，但依然要体现创意工作的特征，在工作目标的规划设定、方案内容与形式的创意执行、资源的整合匹配等方面，有着“新”“奇”“特”“巧”的要求。

“新”：要求策划是“无中生有”，这也是体现策划创意工作水平的最高要求。无论是在资源的发现、整合、使用上，在媒体策划的内容、形式等创意点上，还是在目标设定的角度、高度或深度上，都要求尽可能是从没见过的方案。

“奇”：要求策划能出其不意，即策划、创意点在人们的意料之外，填补了常态社会的观念空白、情感空白和感觉空白，是大家可以有却从未思考、感受和感觉到的创意点、思路、方法、模式等。

“特”：要求策划与众不同，不同凡响，不拘流俗。“特”的要求就是策划以特色、个性取胜，在与从前和当下的媒体项目、活动、产品等相比较中，体现自己独特、鲜明、不一样的站位、角度、特色与气质。

“巧”：要求策划恰如其分、刚刚好。在最大限度整合和匹配好人力、物力、财力的基础上，抓住媒体策划目标，满足并符合所要影响和作用到的目标受众或客户，以及所要服务到的对象等群体的特殊秉性与需要，并且常常在高屋建瓴和从容把握中，带有或传达出某种趣味和意蕴。

二、创意思维方法

掌握科学的思维方法对媒体策划工作有重要的促进作用。媒体策划常用的思维方法主要有逻辑思维、形象思维和创新思维等。

（一）逻辑思维的方法

逻辑思维又称抽象思维，是运用概念、判断、推理反映客观现实的过程。逻辑思维具有抽象性、系统性和普遍性的特点。较之广告策划创意的“瞬间震撼”效果要求来说，媒体策划创意活动中对逻辑思维的运用更加基础、重要。媒体策划强调资源的整合运用，组织管理团队的精准科学，环节、程序设置的严密联动，项目运作实施的高效有力。没有严谨的逻辑思维，很难完成具有较强整体性、全局性、联动性和实操性的媒体策划活动。

（二）形象思维的方法

形象思维又称艺术思维，是一种从具体概念出发展开形象想象与创造的思维方法，具有生动性、具体性和直接性的特点。形象思维在媒体策划中不可或缺，特别在媒体内容的产生及创新方面，特别需要形象思维。媒体的产品、活动是否具有不一样的内容、形式等，都需要形象思维发挥作用。

（三）创新思维的方法

创新思维是唯物辩证法认识论的一个组成部分。所谓创新，表现为对现有局限的突破与超越。创新包括更新、创造和改变三个层面，其中，更新要求有新的发展，所谓“老瓶装新酒”“旧貌换新颜”，这是对更新的最好描述；创造是要在已有经验基础上，从事实中进一步找出新关系、寻求新答案、探索新发展，表现为新的内涵、形式出现，比如“水滴石穿”“量变到质变”等；改变则是创新的最高境界，是在既有更新、创造的基础上，促进、引领现在向未来的新发展，“换了人间”“新常态”的表达，就是改变，是质变后的新发展。创新思维在媒体策划中的运用，就是用新观念、新发明、新思路体现媒体策划新的方向，运用新的方法形成新的模式等。

第二章　新闻传播、媒体项目策划实训

媒体策划中,最常见和最多开展的是微观策划层面的媒介产品策划。有多少媒体、多少媒介、多少类型的媒介产品,就有多少产品策划。本章节主要根据媒介不同,设定以下实训项目。其中,有关新闻传播的策划内容与形式,为实训重点内容。

第一节　报纸策划与创意

实训一　设计采访方案

【实训目的】了解新闻线索的来源,学会掌握有效的新闻线索,选择适于采访的对象并确定恰当的采访时间,制订合理的采访方案。

【实训原理】新闻采访,是新闻记者为新闻传播所进行的搜集新闻素材的调查研究活动。新闻采访是新闻写作的前提和基础,新闻写作是新闻采访的体现和归宿。新闻采访具有求新性、突击性、灵活性、广泛性和持续性的特点。新闻采访需要及时发现和准确选择新闻事实,并迅速掌握足以构成新闻的各种事实材料,因此,新闻采访的基本任务包括5W[由美国政治学家哈罗德·拉斯韦尔提出的构成传播过程的五种基本要素,即:Who(谁)Says What(说了什么)In Which Channel(通过什么渠道)To Whom(向谁说)With What Effect(有什么效果)]、新闻事件的情节和细节、新闻事件的背景材料。在新闻采访中,记者可以灵活地配合运用显性采访、隐性采访、访问、座谈、观察、电话采访、网络采访、书面采访、问卷调查、追踪采访、专题采访,以及常驻采访、突击采访、蹲点采访、交叉采访、异地采访、旅行(巡回)采访等诸多方式、方法。

【实训内容】

步骤一　了解新闻线索的来源

1. 固定型新闻线索:指从固定可靠的渠道获得的新闻线索。有如下几种:

各级党组织和政府部门的文件;

领导同志的指示、讲话;

各部门、各单位的工作总结和简报等材料；

重要的会议；

活动通知或请柬；

通讯员来稿；

记者招待会或新闻发布会；

编辑部的报道计划、提示。

2. 再生型新闻线索：指从经过社会传播媒介传播的“社会信息”中发掘的新闻线索。一个新闻事件、一个新闻事实，一旦经过传播媒介报道，便成为“社会信息”，往往没有再作报道的必要。但属于下列情况之一者，社会信息中便可能发掘出再生型新闻线索：

只简要报道了新闻事件梗概，需要进一步作详细的报道和说明；

只报道了新闻事件的某一方面，而受众还期望了解其他方面；

已有的报道开掘不深，需要进一步揭示新闻事件的本质和意义；

广大受众希望了解同已有报道相关的事件、人物等的有关情况；

已报道的重大新闻事件、新闻人物等，又有了新的变化或发展；

补充有关事实内容，或变换写作形式，可以在更大范围内传播。

3. 随机型新闻线索：指新闻记者处处留心、随机捕捉的新闻线索。这主要包括：

街谈巷议；

记者同人们的随意交谈；

受众来访、来信或电话中涉及的情况；

记者在完成既定采访任务中所接触的线索；

记者在日常生活中的体验、感受。

4. 有偿型新闻线索：新闻机构通过各种奖励形式，促使广大群众积极提供的新闻线索。

步骤二　掌握新闻线索

依据步骤一介绍的新闻线索的来源，获取新闻线索。

步骤三　选择采访对象和采访时间

根据所要采访的新闻事件，可以选择主要当事人、参与者、目击者、知情人等作为采访对象。

若进行专题采访、人物专访，可以选择新闻人物、权威人士、知名人士、代表性人士作为采访对象。

根据不同的采访内容和不同的采访对象,选择合适的采访地点。主要包括:新闻事件现场;符合采访对象特定社会角色的环境;便于引发采访对象回忆、联想的环境;便于采访对象畅所欲言的环境。

步骤四　设计采访方案

根据所要采访的内容设计采访方案。

注意所设计的采访方案要以采访内容、问题为核心,需做到以下几点。

1. 围绕新闻中心,搜集有关的新闻事实、背景、观点、信息。

2. 围绕新闻事件,了解新闻事件的发生、发展、高潮、结束,以及新闻事件发生的原因、社会环境与自然环境。

3. 围绕新闻人物的个性特点及精神追求,挖掘富有新闻价值的事实、情节、细节、个性化的语言和心理活动等。

4. 围绕新闻价值要素,寻找特点、选择角度及挖掘新意。

在此基础上选择相应的最理想的采访方式、采访对象、采访时间、采访地点及应变措施等。

实训二　实施新闻采访

【实训目的】为采访做好充足准备,训练实施有效的采访。

【实训原理】实施采访是对设计好的采访方案的具体实施,但采访进行得顺利与否不仅与采访方案的设计、实施采访的记者相关,同时还受到被访者以及采访环境等多种因素的影响。如何使采访能更为顺利有效地进行,如何提升采访的效率,将会直接影响后续的新闻写作等各项工作。

【实训器材】录音笔

【实训内容】

步骤一　采访的准备

调整采访的心理状态;

准备采访所需的材料和工具;

必要时,准备好采访提纲;

预约采访对象;

适当着装;

准时到达。

步骤二　了解采访提问的方式

采访提问要明确、具体,要善于将一个问题分解成若干具体的小问题,分次提出；

采访提问要由易到难、由近及远、由此及彼、由表及里；

采访提问要根据不同的被采访者选择不同的提问方法。

步骤三　实施采访

营造与被采访者间和谐互动的气氛；

恰当提问，善于引导；

运用笔记、录音等方法做好采访记录；

整理采访记录。

【注意事项】采访中，提问顺序、提问方式往往会影响整个采访的展开，要学会打破最初见面时的尴尬，建立亲善关系；用不具威胁性的顺序安排问题，在获取与采访事件相关的基本信息的基础上适当推进，控制采访的节奏，逐步实现采访的目的。在细节上，注意尽量不要坐在采访对象的正对面，以免造成直视采访对象的对抗效果。

【预习思考题】认真阅读一篇报纸新闻，试想这篇新闻展开了哪些采访，采访的内容会有哪些，采访是如何实施的。

实训三　消息

【实训目的】掌握消息写作的一般知识，学会用事实说话，导语写作，主体、背景材料写作。

【实训原理】消息是一种及时、客观、准确和简洁地报道新闻事实的新闻文体。通过本章学习，使学生懂得消息是新闻写作中最基本、最重要的文体之一，要求学生掌握消息结构的一般知识，学会用事实说话。

消息的种类有很多：①动态消息，是指迅速及时、简明扼要地报道国内外新近发生的事实，将社会生活中发生的新变化、新成就、新动向、新情况传播给受众的消息；②综合消息，是指在同一主题下，综合反映带有全局性的情况、动向、成就、问题的报道，实际上是若干动态消息的综合报道；③经验消息，是以新闻形式向受众介绍某人、某单位、某地区在某些方面获得的经验或教训的消息；④述评性消息，是一种以夹叙夹议或边述边评的方式来报道新闻的方式，它兼有新闻和评论两种功能，以事实为基础，议论少而精。

消息是由标题、消息头、导语、背景材料、主体和结尾组成的，具有迅速及时、文字简约、直陈其事、结构稳定的特点。

标题的基本构件包括：正题、肩题、副题、插题和提要题。正题，或叫母题、主题、大标题,是标题的骨干和核心,高度概括消息的中心内容;肩题也称引题、眉题,一般用来交代背景、说明原因、烘托气氛、解释意义等;副题也称子题、副标题,一般用来补充、注释和说明、印证主题;插题又称分题、小题,它是分插在新闻中间的小标题,起到概括段意、画龙点睛的作用,常常用在较长的新闻稿中;提要题又称提示题、纲要题,放在总标题的上方或下方,正文的前面,起到扼要介绍内容、强化主题的作用,也有近似副题或编者按的作用。标题分为完全式标题、正肩式标题、正副式标题、正标式标题等四种类型。

导语是以简练的文字,准确、生动地报道新闻重要内容或新鲜事实的开头部分。第一代导语往往各要素俱全,例如:"美联社记者约翰·唐宁:萨莫亚·阿庇亚 1889 年 3 月 30 日电:南太平洋沿岸有史以来最猛烈、破坏性最大的风暴,于 3 月 16 日、17 日横扫萨莫亚群岛,结果有 6 条战艇和 10 条其他船只要么被掀到港口附近的珊瑚礁上摔得粉身碎骨,要么被掀到阿庇亚小城的海滩上搁了浅。与此同时,美国和德国的 143 名海军官兵有的葬身珊瑚礁上,有的则在远离家乡万里之处的无名墓地上为自己找到了永远安息的场所。"这则消息的导语中包含了六要素(6W):"何时"(When,3 月 16 日、17 日)、"何地"(Where,萨莫亚群岛)、"何人"(Who 美国和德国的海军官兵)、"何事"(What,遇难)、"何因"(Why,遇上了南太平洋沿岸有史以来最猛烈的风暴)、"如何"(How,舰船被摔碎,官兵死亡)。第二代导语往往只包含部分要素,如:"合众国际社曼谷电 当身高约 2.2 米的中国运动员穆铁柱跨着碎步跑入体育馆时,'嗬!'观众席上发出了阵阵惊叹声。"——何人导语。"合众社纽约电 证券市场在新年第一周即获得巨大成功,这是因为投资者对国家经济的乐观预测作出了反应。"——何事导语。"一支带有奇怪的牙齿痕迹的铅笔,使一位 30 岁的看门人今天被捕。他承认上星期撬了一所中学的校长办公室行窃。"——如何导语、何时导语、何地导语。要注意的是,在写作"何人导语"时,人物名字的出现必须是叫这个名字的人做了公众感兴趣的事情,或者用一种使读者感兴趣的方法说明这个人的身份,或者是读者可以立即认出的人。否则,就不要在导语中提这个人的名字。在写作"何事导语"时,常常事与人分不开。因为事情通常是人物采取行动的结果。面对这种情况,记者就要认定,"Who"与"What"哪个对读者更重要。"何时导语"和"何地导语"是在需要特别强调时间或地点要素的情况下才能够发挥作用的。美国新闻学者威廉·梅茨在《怎样写新闻》中列出了三个练习写直叙式导语的公式,对写好这类导语是大有帮助的:身份 +

名字 + 事实 = 一般化导语；事实 + 人名 = 较好的导语；特点 + 事实 + 人名 = 最好的导语。我国将导语划分成概括式、对比式、描写式、引语式、设问式、评论式、奇特式等类型。

消息的结构设计要遵循以下基本原则：构思在先，文字在后；注重逻辑性与变化性。

下面介绍倒金字塔式结构、编年体式结构（时间顺序式结构）、双混式结构、并列式结构以及华尔街日报叙事体。

倒金字塔式结构打破了写作的常规，不按照事情发展的先后顺序来安排层次段落，而是按事实的重要程度来决定写作顺序，它要求把最重要、最精彩的新闻事实放在消息的导语中，而其他事实也是按照先重后轻、先主再次来安排，但仍然注重各段之间的逻辑联系，旨在吸引受众的注意。

编年体式结构，又称时间顺序式结构，是按照事件发生的时间顺序来结构消息，易于受众了解事件发生的条理。但开头往往过于平淡，不具有吸引力，因此适用于情节性较强的新闻。

双混式结构，是把倒金字塔式结构和编年体式结构相互结合而形成的一种新的消息结构形式。双混式结构往往在开头设置悬念，以此来增加受众对新闻的兴趣。

并列式结构是指开头设置一个总揽性的导语，此后用几个并列的事实来进行报道。

华尔街日报叙事体结构则包含了软导语（开头）、核心段（过渡段）、主体、结尾几个部分。软导语（开头）：把写作点放在一个或两个人物、场景或事件的简练描述上，基本思路是从特殊到一般。核心段（过渡段）：承接开头，自然地引出报道的主要内容，将真正的新闻呈现给受众。主体：为导语和观点提供支持性材料，可以进一步展开故事，可以引用有关人员的语言，可以作面的概括和背景穿插等，集中而有层次地阐述新闻主题。结尾：通常会照应开头，如果回到报道开头的人物，是比较理想的结尾方式。也可以另写一个新的情节或者使用文章前面提到过的某件事情的未来发展情况。

【实训内容】

步骤一 读案例，了解什么是消息

试给出自己对消息概念的理解，并总结消息的特点。

急稿！路透社开罗电 据利比亚通讯社报道，巴勒斯坦解放组织领导人亚西尔·阿拉法特乘坐的一架飞机在利比亚沙漠上空失踪（1992 年 4 月 8 日

7 时半)

美联社急稿 利比亚电台报道说,星期二晚上雷达与载着巴勒斯坦领导人阿拉法特的飞机失去了联系,当时飞机正在利比亚上空飞行。(半小时后)

美联社电 载着阿拉法特的专机是从苏丹飞到利比亚上空的。(一分钟后)

美联社电 据可靠消息,飞机失踪的原因是“恶劣天气造成的”。(20 分钟后)

步骤二 撰写不同的消息标题

标题要言简意赅地标明新闻价值,最鲜明、最准确地概括主要内容和中心思想。同样一则新闻,不同的报纸可以写出完全不同的标题,而谁的标题更吸引人,就可以吸引读者们更多的关注。

1. 完全式标题:“肩题 + 正题 + 副题”;

2. 正、肩式标题:“肩题 + 正题”;

3. 正、副式标题:“正题 + 副题”;

4. 正标式标题。

步骤三 撰写导语

1. 请根据下面的材料,设计一条导语。

北京市去年 11 月 21 日普降小到中雨加雪,自那以后一直到今年 2 月 16 日,城近郊区已经持续两个半月多基本无雨雪。这种天气情况在历史上也是较为少有的。从历史降雪资料分析,2 月份是北京市降雪的高峰月份。如果从 12 月上旬起持续到 2 月底无雪,则近 46 年还没有出现过这种情况。今年会不会出现这种情况呢?有关单位对目前天气形势演变情况进行了分析,指出这种可能性不大,2 月份降雪有望。

2 月 16 日,北京市气象台作出了明日将有“零星小雪”的预报。结果 2 月 17 日,北京市下了自 1980 年以来最大的一场雪。据北京市气象部门报告:2 月 17 日凌晨 2:00,雪花开始悄悄地降落;上午 8:30 的报告说,北京大部分地区已降中雪。降雪最多的昌平已达 5 毫米,这也是中雪的最高量。14:00 的报告说,大部分区县降雪量为 4 ~6 毫米,其中怀柔和顺义为 7 ~8 毫米。这次降雪是去冬以来我国北方降雪范围比较大的一次。

山西北部、内蒙古中部地区降了大雪,其余地区降了中雪。中央气象台提供的情况为:除了北京市降雪外,新疆北部、青海东部、甘肃中南部、陕西南部以及河南、山东部分地区也降了小到中雪。

这场雪给北京人带来了欢乐。市内几个公园的空场上,几乎都堆起了雪人,大的将近两米,小的可以托在手上。天坛公园祈年殿周围,仅雪人就大大小小堆起十几个。堆雪人时，有的是父亲和儿子甚至不少是祖父与孙子在雪中合作。小孩子的眉毛上挂满了白霜，老人的脸上红扑扑的。有的拿半根胡萝卜当雪人的鼻子；有的用一对大号喷花筒做胳膊；有的用两个装方便面的塑料袋当手套；有的雪人脸蛋上还搽了胭脂。

几位从香港来的年轻人在天安门广场兴高采烈地堆雪人，给雪人戴上帽子，围上围巾，并与雪人合影。他们说，这是他们有生以来第一次亲眼见到降雪。从香港到北京旅游的 6 位香港女工 17 日一早便来到天坛公园，她们说："太美了，真不可想象，美得不得了。"以前她们也从没有见过下雪。

数以千计的摄影爱好者带着照相机走上街头或来到公园，或者是为亲朋好友照相，或是选拍各种雪景。北京几个大公园的游人比平时增加了好几倍。到 17 日 14:30，中山公园南门售出了一万多张门票。园林工人们在雪中清扫路面，为游人整理出安全的游玩场所。

降雪给交通带来不便。据北京市交通管理部门统计，仅到 17 日早上 8:30，因下雪路滑，城近郊区已发生三起交通事故，其中一人受伤。为了保证交通安全，北京市环卫局 17 日早晨出动车辆，在十几条道路上洒了工业盐。北京市政管理委员会 17 日上午给城近郊区各有关部门打了电话，希望各单位按照门前三包划定的责任地段，发动群众立即进行扫雪。

去冬以来，我国北方降雪偏少，北京市降雪量也比往年明显减少。这场雪对冬小麦返青、缓和旱情、增加土壤墒情有很大好处，有利于农业生产；对杀菌、净化空气、防止疾病流行也很有好处。

2. 试评析下列导语示例。

(1)持续两个半月无雨雪的首都，今天出人意料地出现了"雪花迎春飞扬"的景象。

(2)一冬无雪天藏玉，濒临雨水"梨花"飞。昨日，北京地区普降大雪。这场雪不但给北京人带来欢乐，而且使一些香港游客生平第一次亲临"忽如一夜春风来，千树万树梨花开"的诗境，连声赞叹"美得不得了"。

(3)一冬默默无消息，春至方见雪花飞。今晨人们推开门窗，会看到一个素裹银装的世界和正在飞舞的雪花。久违了，雪！

(4)2 月 16 日，姗姗来迟的雪花由西向东，一路蹁跹起舞，17 日凌晨 2:00，终于飘达北京。至此，北方大部地区已降中到大雪。17 日这天，京都几个大公园游客倍增，千姿百态的雪人随处可见；中山公园南门竟售出门票万余张。寻常一场雪，何招万人乐？

(5)“忽如一夜春风来,千树万树梨花开。”今日北京市成为银堆玉砌的世界。这场雪使我市去冬今春以来出现的历史上罕见的严重干旱现象有所缓解。

(6)“借问梅花何处落,风吹一夜满京城。”2 月 17 日,北京市普降大雪,市民喜堆雪人,客人交口称赞,公园游人倍增。

(7)笼罩在北京人心头的一冬缺雨少雪的阴影,被 2 月 17 日凌晨 2:00 起的一场瑞雪驱赶得荡然无存。整个北京城乡成了粉妆银簇的世界,雪一时成为人们议论的对象和嬉闹的宠物。

3. 选择一些具有新闻价值的材料,为其设计导语。

步骤四　设计消息结构

1. 分析下列消息的结构类型。

案例一:

路透社达拉斯 1963 年 11 月 22 日电,肯尼迪总统今天在这里遭到刺客枪击身亡。

总统与夫人同乘一辆车中,刺客连发三弹,命中总统头部。

总统被紧急送入医院,并经输血,但不久身亡。

官方消息称,总统 13:00 时逝世。

副总统约翰逊将继任总统。

案例二:

据新华社酒泉 6 月 11 日电(记者霍小光、吴晶晶),我国载人航天工程再次开启新征程。北京时间 6 月 11 日 17 时 38 分,神舟十号载人飞船在酒泉卫星发射中心发射升空,准确进入预定轨道,顺利将 3 名航天员送入太空。中共中央总书记、国家主席、中央军委主席习近平前往酒泉卫星发射中心现场观看飞船发射。

李克强、刘云山在北京航天飞行控制中心观看飞船发射实况。

11 日中午,习近平在酒泉卫星发射中心听取了天宫一号与神舟十号载人飞行任务的有关情况汇报。习近平充分肯定各参研参试单位和部门为完成神舟十号载人航天飞行任务所做的大量准备工作。习近平说,这次任务飞行时间长,试验难度大,面临一系列新的挑战和考验。希望同志们牢记使命、坚定信心、周密组织、科学实施,确保实现既定的任务目标,努力夺取载人航天事业发展新胜利。

航天员出征仪式在酒泉卫星发射中心航天员公寓问天阁举行。14 时 28 分,习近平来到这里,亲切看望执行这次飞行任务的航天员聂海胜、张晓光、王亚平。习近平对航天员们说，看到你们精神饱满、英姿勃勃，我感到很高兴。在你们即将出征之际，我代表党中央、国务院、中央军委，代表全国各族人民来为你们壮行。你们执行我国第五次载人航天飞行任务，承载着中华民族的航天梦，展现了中国人“敢上九天揽月”的豪情壮志，这是光荣而又神圣的，全国人民都为你们感到骄傲。为了这次飞行任务，你们进行了认真扎实的训练，各方面做了精心周密的准备，我对你们圆满完成任务充满信心。预祝你们成功，期待你们凯旋！

聂海胜代表3名航天员郑重表示，感谢习主席，感谢党和人民的关怀。我们一定服从命令，听从指挥，沉着冷静，精心操作，圆满完成神舟十号任务。请首长放心，请祖国和人民放心！

习近平微笑着向3名航天员挥手，送他们踏上征程。

问天阁外，送行的人们鼓掌欢呼。3名航天员列队请示出征。随着载人航天工程总指挥张又侠一声“出发”的命令，航天员们向送行的人群挥手致意，登车前往发射场，进入飞船做最后的准备。

17时许，习近平来到距发射塔1 500米的测发指挥楼指挥大厅，看望前指参试人员，同大家握手问候。随后，习近平走出测发指挥楼，远眺发射塔架，详细了解神舟十号飞船发射前的测试准备情况。

17时33分，习近平来到试验指挥楼，登上指挥楼平台，现场观看飞船发射。

发射场上，长征二号F运载火箭巍然矗立，整装待发。

17时38分，随着一声“点火”口令，承载着神舟十号载人飞船的火箭，在巨大的轰鸣声中冲天而起，飞向茫茫太空。

火箭升空后，习近平步入指挥大厅，观看火箭和飞船实时飞行情况。电子屏幕上显示出火箭和飞船运行的轨迹和参数，工作人员密切监视各项数据，不时发出一道道指令。扬声器里不断报告火箭和飞船的运行状态：逃逸塔分离，助推器分离，整流罩分离，船箭分离，飞船进入预定轨道，帆板展开，航天员飞行乘组状态良好……

17时58分，张又侠宣布：神舟十号飞船发射取得圆满成功！顷刻间，指挥大厅和北京航天飞行控制中心飞控大厅里一片欢腾。

在热烈的掌声中，习近平等走到工作台前，同工作人员一一握手，对飞船发射成功表示祝贺，向大家表示亲切的慰问。

天宫一号与神舟十号载人飞行任务是我国组织实施的第五次载人航天飞行，是神舟飞船和长征二号F运载火箭组成的载人天地往返运输系统的首次应用性飞行。根据计划,神舟十号飞船在轨飞行期间,将与天宫一号目标飞行器进行两次交会对接。已成功与神舟八号、神舟九号飞船进行 4 次交会对接试验的天宫一号目标飞行器,目前已进入预定的对接轨道,在轨运行稳定,设备状态良好,静候神舟十号飞船的到来。

案例三:

日本的中小学都有书法课 发言稿常用毛笔写

日本书法比中国火

环球时报驻日本特约记者　殷占堂　陈　言

中国年轻一代对书法的兴趣不如日本人

在日本工作的王先生,女儿进小学时,看到学校要他准备一套毛笔、墨盒,觉得有些不可思议。女儿进小学后,经常拿回一卷“和纸”,开始学着描字。中国描的是红字,日本却是用白纸压在黑字上描,下面的也不是纸而是塑料。“和纸”其实就是中国的宣纸,到日本以后被改了名字。

看着女儿一横一竖地用拿铅笔的方式描红,王先生也想教教她真正的握笔方法,但又停了下来。在日本就这么用笔,我们也不必大惊小怪。王先生也有近 20 年没有用过毛笔了,最后一次大概是“文革”结束后不久,人们还有写标语口号的习惯,再以后就完全和毛笔绝了缘。

中国是日本文化之源,书法也不例外。但不可否认的是,日本的书法艺术不论从人数、规模、普及程度、装裱质量等,都已超过了书法的母国——中国。西岛慎一先生是专门出版书法类书籍的二玄社原总编,说起中国的青年人字写得潦草,对书法的兴趣不如日本青年时,他一针见血地指出,最主要是文化断代了,重拾不易。另一个原因是电脑的普及,谁还拿着毛笔写字呀?

五六个日本人中,就有一个练书法的

在采访日本《墨》月刊主编酒井明先生时,《环球时报》记者得知,关于日本的书法爱好者,没有一个精确的数字,一般认为有两三千万,也就是说五六个日本人中就有一个练书法的。称得起书法家,能举办个展、出作品集的人,全日本大约有 100 万之多。在经销文房四宝的东京银座“鸠居堂”三四层画廊,一年到头天天有书法家的个展。

书法的极大普及与日本人重视书法教育密切相关。日本中小学校都开设有书法课,小学三年级开始学书法,到初中毕业,6 年时间足以打下坚实的书法知识基础。不难发现,普通日本人,特别是一些上了年纪的人,汉字都写得很漂亮。

除了学校的书法基础教育，日本遍布各地的书法教室也给书法爱好者提供了学习的机会。书法教室由各个书法团体主办。笔者曾为妍墨书道会策划过一次在中国美术馆的“中日友好书法展”，会长中井畊(音同“耕”)月先生几十年如一日教授书法，教室从一个发展到十几个，他弟子的弟子都已开办教室，弟子少说也有几千人。

日本人为什么那么喜欢书法？书法家岗安先生说：“与中国一样，日本是一个汉字大国，有着书写汉字的悠久传统。你看大街上大小商店的匾额、车站站牌、街道名、报刊书籍、日本人的姓名，处处离不开汉字，办什么手续都要签字。当然现在随着电脑的普及，学书法的人数有所下降。”

凡是正式场合，日本人都要用毛笔写信签字

日本一直保持和继承着书法传统。王先生自从女儿上学开始学习书法后，渐渐关心起日本人的书法习惯来。他发现凡是正式场合，日本人都要用毛笔写信签字。比如，他年初接到的贺年片中，很多是印刷精美的工业产品，但发信人没有忘记用毛笔非常工整地签上自己的名字。电视上大臣们签署国家文书时，很多人也是用的毛笔。能用毛笔签字，日本是个人修养的一个重要体现方式。

一般企业每年新职员进公司时，公司里都有很隆重的欢迎仪式。新职员代表上台表决心时，会从西服内兜中掏出一份文稿，这份讲稿是用毛笔正楷竖着书写的，而总裁的答词也同样是用毛笔竖着写的。用王先生的审美眼光来看，那真算不上有多好，但非常工整、郑重。

2. 选择有新闻价值的材料，根据材料的特点为其设计适当的消息结构。

步骤五　撰写消息主体与结尾

1. 消息的主体即消息的“躯干”，是导语之后充分展开的部分。主体是用以解释、深化和补充导语的，它将导语中高度概括的事实具体化，补充导语中尚未出现的新闻要素或是补充带有因果性质的材料，回答受众想要知道的问题，添加信息量以增强受众的兴趣。

2. 消息的结尾。消息的结尾是指为了深化新闻主题、强化新闻价值或扩大消息的信息容量，记者根据新闻内容，精心设计的消息的总结部分。它通常是消息的最后一段或最后一句话。消息结尾的方式有多种，例如进行式结尾、总结式结尾、背景式结尾、评论式结尾、描写式结尾、对比式结尾、引语式结尾等。

3. 选择有新闻价值的材料，撰写一篇消息。

实训四　报纸专栏策划

【实训目的】认识专栏在报纸中的作用，了解专栏策划的基本内容，为报纸设计一个专栏。

【实训原理】专栏是报纸中常见的组成部分，许多著名的报纸专栏在传播信息、表达观点等方面备受关注，甚至成为报纸售卖的独特卖点。如何根据报纸的定位和特点设置合适的专栏，并打造出核心专栏和特色专栏，使其成为具有品牌价值的报纸内容，这应是报纸策划的重要内容之一。

【实训内容】选择一份报纸，并为其策划一个专栏

步骤一　专栏定位与报纸定位的匹配程度

报纸的定位分析；

根据报纸的定位确定专栏的类型与定位。

步骤二　专栏受众分析

根据报纸的定位和专栏定位判断专栏受众的范围、类型和特点。

步骤三　专栏命名

根据专栏定位为专栏命名。

步骤四　专栏内容确定

确定专栏的内容范围；

确定专栏内容的价值观；

确定专栏内容撰写的基本风格。

步骤五　篇幅与版面安排

根据专栏定位与内容特点确定其篇幅大小，选择适当的版面并进行必要的版面设计。

步骤六　专栏组织方案及人员设置

提交专栏撰写团队及专栏实施方案。

实训五　报纸版面设计

【实训目的】了解报纸版面设计的基本要素：内容设计，图片设计，色彩设计。

【实训原理】报纸版面具有“整”和“碎”的特点。“整”是指整个版面的面积大，要求具有整体性的设计美感；“碎”是指每个版面通常同时刊登多条稿件，由“栏”进行条块的分割，以便受众区分和阅读。这种“整”和“碎”的特点既给版面设计增加了难度，也增加了版面设计的创意空间。与此同时，一份报纸中不同版面承载不同内容的稿件（例如，要闻、本地新闻、国内新闻、国际新闻、经济新闻、体育新闻、娱乐消息等），也可以通过版面设计体现各自相异的内容和

风格。

报纸的版面和图书的封面一样都是一种广告形式，它往往会影响受众对报纸的第一印象甚至影响受众对报纸的购买行为。

报纸版面是内容与形式的统一，版面编辑人员既要对其形式负责，也要对其内容负责。其功能体现在：为发布的文字、图像信息提供载体和空间；通过版面设计方便受众阅读，帮助其理解；通过版面设计的风格和个性，体现报纸的个性，树立媒体的品牌特色；版面的编排手法（版面位置和大小）、色彩和层次的使用，能含蓄或鲜明地表达一种思想、认识、情感和态度，这些版面所表现出来的赞成、反对、谴责等态度，喜怒哀乐等情绪，是对读者的一种暗示和引导，是报纸发挥舆论导向作用的一个重要手段。

1. 报纸版面设计术语。

（1）开张。以全张平板纸为计算单位，单页出版物的版面大小称为开张。全张平板纸横裁为二，每一分是对开的。一整张纸一个版是四开，两张《人民日报》拼起来是一个全开（见图2－1）。

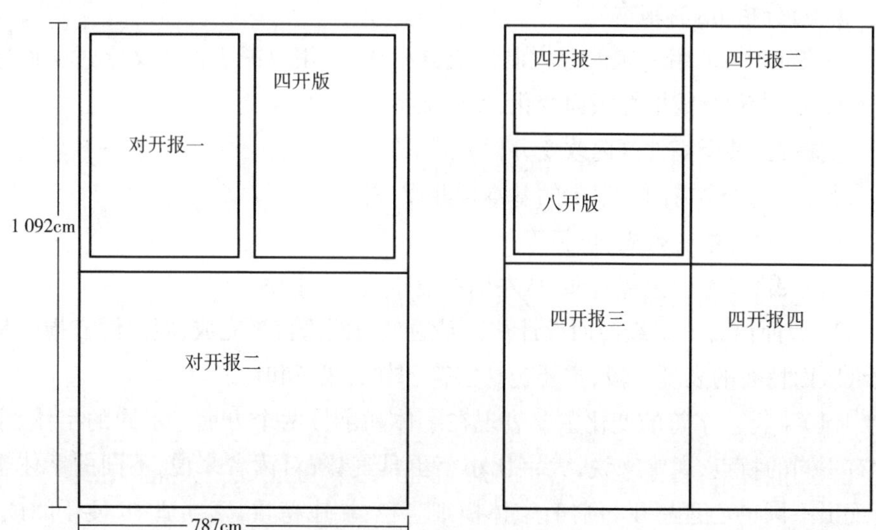

图2－1　常见报纸版面

常见报纸版面如下：

对开版面：787毫米×546毫米进四开版面：390毫米×546毫米

（2）版序。多张叠放，第一张正面为第一版和最后一版，背面为第二版和倒数第二版。

分张依次叠放,第一张为一至四版,第二张为五至八版。

(3)版心。除去周围留的空白为一块版面上容纳文字和图片的区域。

对开报版心约 35 厘米×49 厘米,宽高比例:1∶1.5;

四开报版心约 23 厘米×34 厘米。

(4)报头。报纸第一版是刊登报名和其他内容的区域,位于上方或者左上方。报头的常规内容包括报名、出版单位、刊号、总期数和出版日期等。

(5)报眼。报眼又称报耳,是横排报纸第一版报头一侧的版面区域,用来导读或放置重要新闻、图片、广告。

(6)报线。版面上分割版心与周围空白的线条。

(7)中缝。一张报纸相邻两块版之间的空隙,也称报缝。

(8)通版。打通报纸上相邻的两个版而形成的版。通版有利于图片的展示。

(9)头条。对横排报纸而言,版面左上方是最重要的区域,用以刊登最重要的稿件,称头条。头条稿件得到最突出的版面处理,影响最大。

(10)分栏方式:基本栏。

在版心中,采用一定的分栏制形成分栏作用,用以减少由于文字过长而造成阅读上的不便;或增加版面变化,使版面活动生动。

变栏:在某个稿件区内改变分栏方式。

并栏:将两个或两个以上的基本栏并成一栏。

破栏:将基本栏打破,重新等分。

通栏:将基本栏全部打通,从左到右连排文字或图片。

2. 版面语言。报纸版面设计往往是通过版面语言来完成,版面语言指的是报纸版面特有的表现手段,主要包括字符、图像、线条和色彩。

(1)字符。字符的变化主要表现在字体和字号两个方面。不同的字体、字号有不同的特点,通常来说,大字比小字更具气势;对读者来说,不同的字体也呈现出不同的心理感受,例如:宋体横细竖粗,端庄稳重,密度适中,便于阅读;黑体粗细均等,是常用标题字体之一;仿宋体笔画粗细均等,线条细,一般用于副题;楷体婉转圆滑、流动自然,适用于活泼轻松的新闻、通讯、特写评论、编者按等,目前各报常用楷体署作者姓名。

(2)图像。图像包括照片、绘画、图表,有美工装饰的题头、栏头、版头、报花等,容易形成版面的视觉中心,引起读者注意。

(3)线条。线条分为水线与花线,能起到强调的作用以突出内容,还能实现区分作用、结合作用、美化作用等。

(4)色彩。自从有了彩色印刷,色彩就成为报纸版面设计中最具强势的一种元素。它能起到强调的作用,吸引读者的注意;不同的色彩对人们的心理也能产生不同的作用;还可以通过具有个性化的色彩运用,塑造报纸的个性。

【实训器材】CORELDRAW 软件

【实训内容】

步骤一　熟悉版面术语

步骤二　分析不同报纸的版面

选择三份不同的报纸,测量其版面的长度和宽度;

测量三份不同报纸版面的版心,计算出其版面的容量大小;

选择三份不同的报纸,说明其版面吸引受众的设计有哪些;

选择一份报纸不同时期的版面设计,说明其变化有哪些,这样的变化会产生怎样的影响。

步骤三　内容和图片设计

为一份报纸选择一个版面的内容,并对这些内容进行内容和文字的设计。

根据这些内容为报纸版面分栏,并根据这些内容新闻价值的大小安排适当的位置;

标题设计:为标题选择合适的字体,为标题选择合适的位置;

正文设计:为正文选择合适的字体,标题与文字的结构安排;

新闻图片的设计。

步骤四　色彩设计

用黑白灰进行报纸版面设计;

用色彩进行报纸版面设计,调整不同的色彩以及色彩的饱和度、对比度,看看版面给人的心理感受有何变化;

恰当使用留白,体会留白的作用和意义。

第二节　杂志策划与创意

实训一　文化娱乐杂志的定位与策划

【实训目的】了解文化娱乐杂志的定位,并为一本文化娱乐杂志定位。了解并实施文化娱乐类杂志的内容策划，为文化娱乐类杂志撰写内容。

【实训原理】第一，文化、娱乐是人们日常生活中十分重要的组成部分，文化娱乐类杂志就是为了满足人们这方面的信息需求而产生的，其和政治、经济、科技、文化的联系极其密切。第二，娱乐业是一个充分体现人类创造力的行业，彰显着人类文明的发展水平，需要用天分和劳动来推动。因此，这个行业有悟性和勤奋的工作者以及好的产品，都应该得到正视和尊敬。第三，娱乐新闻是新闻，要尊崇新闻报道的准则。第四，传媒人应对市场、对读者的需求有真实全面的了解。报道明星生活，不能和人心底的真善美原则相悖，应倡导有益的新闻，伤大雅其实是伤天理。对于文化新闻的处理方法，一般是沿用传统的消息、通讯、特写之类的文体，以客观描述为主扩，还是要强调新闻要素的5W。但是，对于娱乐新闻来说，5W 虽然还是要点，但是客观描述已经不是处理娱乐新闻的主要手法了，而往往采取一些主观性很强的综述、评述等文体来处理娱乐新闻。因此，娱乐新闻中话题的要素要胜过事实的要素，观点的要素要强于描述的要素。娱乐新闻重“做”而不重“采”，这是其与文化新闻很重要的区别。以致一些以娱乐报道为主的杂志，娱乐版只有几个编辑而没有专职记者，稿件是靠综合消息“做”出来的，而不是“采写”来的。这是“文化”与“娱乐”在处理上的区别之一。文化新闻重在对事件的关注，事件新闻多；而娱乐新闻重在对人物的关注，特别注重对名人、明星的关注。文化娱乐报道应着力营造和培育一种健康有益、轻松活泼的文化休闲氛围，以陶冶大众情操、提升文化品格，满足人民群众日益增长的文化娱乐需求。

【实训内容】

步骤一　文化娱乐杂志的定位

了解文化与娱乐的异同；

文化娱乐类杂志的定位选择：偏文化还是偏娱乐？

把握定位的底线：去低俗化文化与娱乐。

步骤二　文化娱乐类杂志的内容策划

1. 选择一个你感兴趣的文化娱乐的具体领域，策划一本杂志；

2. 制定所策划的杂志的编辑方针；

3. 结合所策划的杂志所关注的领域的特点，理解文化娱乐新闻的基本要求好看。

文化娱乐新闻首先是新闻，因此在写作上不仅需要了解文化娱乐新闻的基本要求，还要掌握新闻文体的基本要求。在此基础上，要让新闻报道也具有艺术性，这是因为文化娱乐新闻所传播的对象本身有很多就属于艺术，从某种意义上说，对艺术的报道也应该具有艺术性。

步骤三　从选材的角度实现“好看”的基本要求

理解从文化娱乐新闻所传播的内容上看，如果选材不错，“好看”是比较容易做到的；

试为所策划的杂志选择“好看”的新闻素材。

步骤四　从内容撰写的角度实现“好看”的基本要求

内容好并不就等于好看，文化娱乐新闻同样离不开规范和用心的写作。

1. 了解文化娱乐内容的导语撰写类型，给选择的新闻素材撰写导语。

（1）陈述性导语：

昨天上午，中国爱乐乐团首次进行排练，吸引了众多媒体。

（2）强调性导语：

说来你可能不信，在歌坛挂着“大姐大”牌子的毛阿敏唱了近20年、几百首歌，竟没有一张“专辑”……

（3）表现性导语：

在电影上用独特的艺术手法点石成金的张艺谋在语言上也经常冒出具有独特风格的惊人之语……

（4）丰富性导语：

仅从九部韩国电影在第五届上海国际电影节上的大放异彩即可看出韩国电影的来势汹汹。在这次无主题的上海国际电影节上，韩国电影成了自然而然的观影主题。香港旅游发展局虽然在电影节期间搞了一个气派的香港电影展，但是老面孔的明星和那7部已经在国内影迷心中烂熟的影片《Bad特攻》《枪王》《孤男寡女》《里情》《地久天长》《阿虎》《特警新人类2》，并没有带给沪上观众任何惊喜；相反，“沉默是金”的韩国电影却给影迷们带来了惊艳的感受。记者在电影节期间及节后不断询问观摩影展的同行，哪部影片给他们留下的印象最深，绝大部分人在仔细思考之后，给出了同样的答案《薄荷糖》。

2. 了解文化娱乐内容主体新闻性与文学性的关系，以所选择的素材为基础撰写内容。

【预习思考题】

1. 文化娱乐杂志的定位有哪些不同取向？

2. 如何让杂志的文化和娱乐功能相得益彰？

实训二　体育杂志的定位与策划

【实训目的】了解并确定体育杂志的定位,实施体育杂志的策划。

【实训原理】随着社会的发展,体育在人们的休闲娱乐生活中占据了非常重要的地位。体育项目的多样化、体育赛事的蓬勃发展,使其社会影响力也越来越大,内容也越来越丰富。在这样的环境下,体育杂志的细分化也成为一个不可避免的趋势。目前来看,综合类的体育杂志和专项类的体育杂志各有优势,而体育杂志的高档化和精品化趋势也成为一个发展的潮流,职业化项目的关注程度不断提升,职业体育明星的影响力也日趋增强。如何在这样的市场环境中选择适合发展的策略方向,是本章实训的内容和目的。

【实训内容】

步骤一　体育杂志的定位

1. 了解体育杂志的定位类型。

综合性或是专门性?

以新闻报道为主或是承担体育教育的任务?

以赛事报道为主还是以人物专题为主?

…………

2. 根据自己的兴趣,为一本体育杂志进行定位。

步骤二　体育杂志的赛事报道撰写

体育报道的各个方面吸引着体育迷的关注,但是他们最想知道的是“谁赢了?”。杂志在时效性方面并不具有优势,但是体育迷还想知道的更多——关键球是怎么打的,明星为什么输了比赛,教练对球队的表现有何评价。在得知比分以后,体育迷仍然会阅读报纸上的赛事新闻,观看、收听广播电视台的重播。对那些广播电视台没有播出的比赛,报纸会刊载直接式赛事报道,在第一段写出比赛结果。但是对大多数比赛,报纸与体育杂志的体育报道都趋向特稿化。

1. 了解体育杂志赛事报道的特点。

(1)强化细节。案例分析:

两个无名之辈站到舞台的中央,帮助亚利桑那响尾蛇队进入世界棒球锦标赛。

响尾蛇队实力最强的兰迪·约翰逊连续7局击球,随着击球数上升他感到有些疲劳,这时球队领先一垒。年轻的金炳轩上场了,他的低手投球让勇士队在第8、9局毫无希望，保持了3比2的胜利。

决定性的跑垒来自打关键球的比埃尔·杜拉佐，他在1999年9月以后便没有打出一个本垒打来淘汰过左撇子投手。当第五局的比分为2比2时，他两次把勇士队投手汤姆·格拉文投出的球击出了本垒打，球刚刚越过球场左侧界墙。

(2)恰当选择报道的焦点。关键运动员、关键的比赛瞬间、名次的记录或比赛记录的刷新都常被选作报道的焦点。

(3)观点表达。一位体育撰稿人罗恩·拉波波特认为："几段话通常就足以概括关键性表现。我宁愿将版面集中用在一两个或两三个最有兴趣的事情上，来讲述运动员对这些事情的看法。一篇赛事报道经常围绕着具有某种巨大影响力的某个人，无论这种影响是积极的还是消极的；还有，一定要向关键选手了解情况，虽然这些关键选手常常会自发讲话，但是记者脑子里一定要始终有一个问题，并用你的问题来控制采访结构。"

要善于倾听运动员所说的话，这些话不是对记者说的，而是他们之间相互说的。当他们获胜的时候，他们的谈话常常是有趣的；而当他们失败时，谈话则是体谅人的。好的对话能够使一篇报道增色。

2. 为一场体育赛事撰写赛事报道。

步骤三　体育杂志的人物特稿撰写

选择人物特写的对象：体育明星、新选手、教练；

选择人物特稿撰写的角度和内容：赛事表现、招募及薪水、非法及不适合的行为、逸闻趣事、私生活；

选择一位体育人物撰写人物特稿。

【注意事项】

体育赛事报道要点在报道中并不是要面面俱到的，而是应该抓住最能够反映比赛特点的内容进行描述，写出最具有新闻价值的事实。

报道时要坚持视角多元化，既要有来自不同水平不同国籍运动员的陈述，又要有来自体育教练的点评。在外媒报道中，体育专家的"只言片语"往往会起到画龙点睛的作用。

要注意从运动员的视角还原比赛，因为运动员的主观视角具有一定的借鉴意义，从运动员的视角去思考比赛，能更好地发掘比赛中的细节，获得对比赛的正确评价，也能更符合体育爱好者对竞技体育的理解。

实训三　杂志专题策划

【实训目的】了解杂志专题的特点，策划一个杂志专题。

【实训原理】杂志专题是将主题、题材、体裁、表现手法等方面具有共同性的稿件组成的集合体，旨在通过对某一事件、人物进行深度报道，使读者获得全方位的信息。专题可以成为一期或几期杂志的全部内容，也可以是某一期杂志中的一个部分。在媒体进入品牌营销的时代，新闻报道进入了“观点制胜”的今天。目前，报纸、电视等媒体为了获得更多的受众关注，也十分重视通过运作专题的形式来进行深度报道。但由于经过装订的杂志在印刷质量、保存时间等方面具有优势，因此，杂志就更应结合其自身特点来开展专题策划，以便在激烈的媒介竞争中占据一席之地。

【实训内容】

步骤一　阅读具有代表性的杂志专题，谈谈同一事件不同专题的异同

例如：汶川地震一周年。以下杂志均刊载了汶川地震一周年的纪念报道，见图2－2至图2－9。

图2－2

图2－3

图 2－4

图 2－5

图 2－6

图 2－7

图 2－8

图 2－9

步骤二　选择一本杂志，为其策划一个专题

分析杂志定位和目标受众；

选取恰当的事件作为专题制作目标；

考察可行性，确定专题的主题，撰写专题提纲。

步骤三　资料搜集

专题采访，搜集第一手资料；

二手资料的搜集、筛选和整理。

步骤四　撰写专题

确定篇幅和字数，设计专题结构；

撰写文字内容；

选择恰当的图片；

风格的统一和调整。

实训四　杂志版面设计

【实训目的】了解杂志版面设计的基本元素和原则，评析杂志版面设计，设计杂志版面。

【实训原理】杂志的版面设计包括封面设计和内页设计。封面设计必须体现杂志的定位、风格等整体特征，以便读者辨识这是一本什么样的杂志。杂志封面的设计需要包括图片、文字、刊号、日期、价格等信息；内页设计主要涉及版面的编排以及对文字和图片的处理。

【实训内容】

步骤一　熟悉版面术语

熟悉杂志版面术语；

区分杂志和报纸版面设计的异同。

步骤二　评析不同杂志的版面设计

图 2－10 至图 2－15 展示了不同杂志的封面和内文设计。

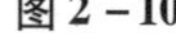
图 2－10

图 2－11

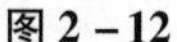
图 2－12

图 2－13

出生在南非的小华南虎

华南虎幼崽的诞生，标志着华南虎南非野化训练取得了显著成效，它们不仅学会了捕猎野生食物，并自然繁育小虎，为拯救华南虎南非野化繁育项目注入了新鲜血液。

图 2－14

图 2－15

步骤三　杂志的封面设计

为一份杂志选择适合的内容，并根据这些内容选择杂志封面设计的元素；为杂志进行封面设计。

步骤四　内容和图片设计

为一份杂志选择适合的内容，并进行内容和文字设计。

根据这些内容为杂志版面分栏；

标题设计：为标题选择合适的字体和合适的位置；

正文设计：为正文选择合适的字体、标题与文字的结构安排；

图片设计：图片的选择，图片与文字的关系设计。

步骤五　色彩设计

为杂志内容进行色彩设计。

第三节　图书策划与创意

实训一　书名

【实训目的】了解书名的作用，理解书名与书籍的关系，掌握几种图书命名的方法。

【实训原理】书名是表达书籍内容和作者创作意图的最直接的工具，也是最直接、最长效的书籍广告。对得奖的图书、知名作家的新书来说，书名也许并不那么重要，但对于一般的图书而言，书名将会直接影响读者的感知和购买行为。

【实训内容】

步骤一 理解书名与书籍的关系

对比不同的图书，看看影响你的是书名还是其他因素，见图 2－16、图 2－17。

图 2－16 书名与书籍

图 2-17　书名与书籍

步骤二　如何为书起名

白描法：专业性图书起名往往使用白描法，以便目标读者能准确通过书名找到所需要的图书，见图 2-18。

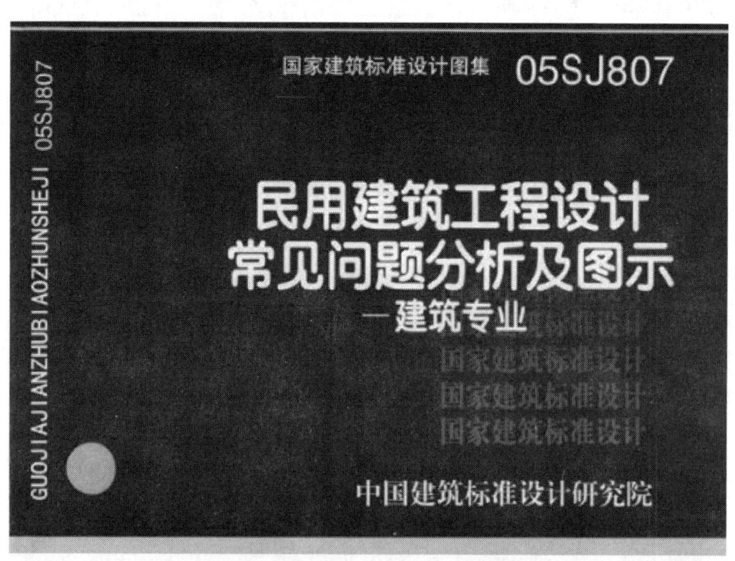

图 2-18　专业性图书的书名设计——白描法

夸张法：运用异于常理的语言、句式造成读者心理感受上的异样，使读者好奇，从而对图书产生兴趣，见图 2－19 至图 2－22。

图 2－19

图 2－20

图 2－21

图 2－22

利益法：直接告诉读者阅读本书可能获得的利益，见图 2－23、图 2－24。

图 2 – 23

图 2 – 24

疑问式:提出疑问,引发兴趣,见图 2 – 25。

图 2 – 25

实训二　排版

【实训目的】了解排版的意义，试用方正、Indesign、Word 等不同软件进行排版，学会合理排版以提升图书的“易读性”。

【实训原理】什么是排版？排版应了解字体、行间、级数、天地、书眉、版心等相关的要素。排版是不是美术编辑的美学设计？排版不仅仅只是美学设计，事实上，排版应和“易读性”紧密相连，违背易读性的设计不能称之为合理的排版设计。什么是“易读性”？“易读性”（Readability）是在排版设计中常常涉及的用语，它指的是文字通过排版使读者在阅读的过程中感觉舒服，不易疲劳，能让读者全神贯注投身于文字之中，而不必在辨读文字的过程中花费过多精力。“易读性”的最高境界是“透明”，是要让读者根本没有意识到正在读字。

【实训器材】方正、Indesign、Word 等排版软件

【实训内容】

步骤一　字体与字级

对比不同字体以及不同字级（字的大小）的视觉感受，选择最适合阅读的字体与字级；

当面对不同年龄的受众（一般成年人、老人、儿童），考虑何种字级更适合阅读。

步骤二　行间、行长与对齐

比较行间的宽窄对阅读的影响；

比较行长的长短对阅读的影响；

对比不同的对齐方式对阅读的影响。

步骤三　版面与文字的色彩选择

对比各种版面与文字色彩对阅读的影响（如白底黑字、黑底白字、蓝底白字、红底白字、绿底白字、黄底白字等）；

选择版面与文字间合适的对比度；

考虑在图片上排版的文字对阅读的影响。

步骤四　版心

学会将版心（内文所占据的区域）与图书边界保持适当距离。

步骤五　中文排版与英文排版

对比同字级的中文与英文大小；

对比同行间的中文与英文的视觉松散度；

运用不同的对齐格式对中文与英文进行排版，考虑何种对齐格式更为合适。

步骤六　排版练习

为所选文字排版：

《旅行的意义》

“好想去旅行！”

朋友们经常对我这个“旅痴”这样说，他们知道，旅行对我有着非同一般的意义。对他们来说，旅行的意义也像是浩瀚大海中浮游者微茫的希望之光。“搞定这个项目，熬过这一段，挣到钱，就可以去旅行了！”所以说，旅行是那个在他们筋疲力尽、乏味失落的不如意之时激励他们打起精神来生活下去的执着之念，也未尝不可吧？

可是，旅行的意义究竟何在？

远游万里后，终归故乡，神秘事件便告开始。

你多少会回忆路上的所见所闻：见到了哪些教堂的尖顶；在哪几个被导游书千百遍赞颂过，叮嘱你万万不可错过的地方拍照留影；伴着红酒和投契的几个老友讲完你的旅行趣闻之后，可有那么一个片刻感觉虚弱？可有几缕寂寞的旅情不知如何与人述说？可有瞬间的动摇感觉自己的孤独有多真切？可有刹那的感动连自己也不免怀疑是否当真发生过？可有些许感慨，重回熟悉的城市里便羞于对人谈起？

也许在路上的那个时候，你遇到了更真的自己。也许在那个时候，你错过了一个机会可以对自己说：“不如这样吧，我的人生，其实还不错；不如这样吧，就此放开不如意，想想还有哪条天边路我尚未走过。”——《最好的时光在路上：中国国家地理》，中国大百科全书出版社，2011 年。

CHILDHOOD

Abandoned and Chosen

The Adoption

When Paul Jobs was mustered out of the Coast Guard after World War II, he made a wager with his crewmates. They had arrived in San Francisco, where their ship was decommissioned, and Paul bet that he would find himself a wife within two weeks. He was a taut, tattooed engine mechanic, six feet tall, with a passing resemblance to James Dean. But it wasn't his looks that got him a date with Clara Hagopian, a sweet – humored daughter of Armenian immigrants. It was the fact that he and his friends had a car, unlike the group she had originally planned to go out with that evening. Ten days later, in March 1946, Paulgot engaged to Clara and won his wager. It would turn out to be a happy marriage, one that lasted until death parted them more than forty years later. Paul Reinhold Jobs had been raised on a dairy farm in Germantown, Wisconsin. Eventhough his father was an alcoholic and sometimes abusive, Paul ended up with a gentle and calm disposition under his leathery exterior. After dropping out of high school, hewandered through the Midwest picking up work as a mechanic until, at age nineteen, he joined the Coast Guard, even though he didn't know how to swim. He was deployed on the USS General M. C. Meigs and spent much of the war ferrying troops to Italy for General Patton. His talent as a machinist and fireman earned him commendations, but heoccasionally found himself in minor trouble and never rose above the rank of seaman.

Clara was born in New Jersey, where her parents had landed after fleeing the Turks in Armenia, and they moved to the Mission District of San Francisco when she was a child. She had a secret that she rarely mentioned to anyone: She had been married before, but her husband had been killed in the war. So when she met Paul Jobs on that first date, she wasprimed to start a new life.

Like many who lived through the war, they had experienced enough excitement that, when it was over, they desired simply to settle down, raise a family, and lead a less eventful life. They had little money, so they moved to Wisconsin and lived with Paul's parents for a few years, then headed for Indiana, where he got a job as a machinist for International Harvester. His passion was tinkering with old cars, and he made money in his spare time buying, restoring, and selling them. Eventually he quit hisday job to become a full - time used car salesman. ——STEVE JOBS: A Biograghy, Simon & Schuster; First Printing edition (24 Oct 2011)

【注意事项】避免使用会反光的纸。避免将“易读性”与“易识性”混淆:“易读性”只讨论字形、字间、行间、行长、色彩对比等表现形式的问题,并不涉及遣词造句、文字逻辑等行文内容。

实训三 封面设计

【实训目的】学会欣赏与评价图书的封面设计,掌握封面设计的基本原理和方法。

【实训原理】作者和编辑将最期待吸引读者的愿望都寄托在封面设计上，如同“人要衣装”一样，图书的封面设计也往往在图书的营销中发挥着重要的作用。“封面即广告”，有时候，读者甚至会因为喜欢某一本书的封面而将它买下。

【实训器材】

【实训内容】

步骤一　欣赏与评价

欣赏不同的封面设计，评价其优劣，并说说它们给予自己的不同创意想法，见图 2－26 至图 2－28。

图 2－26

图 2－27

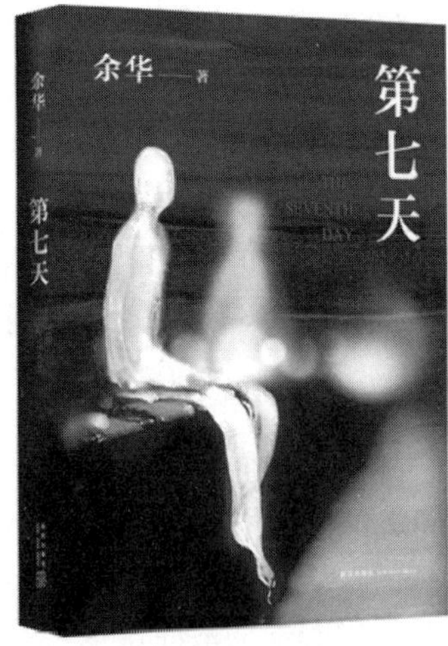

图 2－28

对比国外与国内出版社对莫言作品的封面设计，谈谈你对封面设计影响因素的认识，见图 2－29 至图 2－32。

图 2－29

图 2－30

A NOVEL
THE REPUBLIC OF WINE
BY MO YAN
AUTHOR OF RED SORGHUM
"MO YAN IS ONE OF CHINA'S BEST WRITERS."
—RICHARD BERNSTEIN
NEW YORK TIMES

酒国
莫言

图 2－31

"Impressive and ardent." —John Updike, The New Yorker
BIG BREASTS & WIDE HIPS
a novel
Mo Yan
BY THE AUTHOR OF RED SORGHUM

莫言
丰乳肥臀

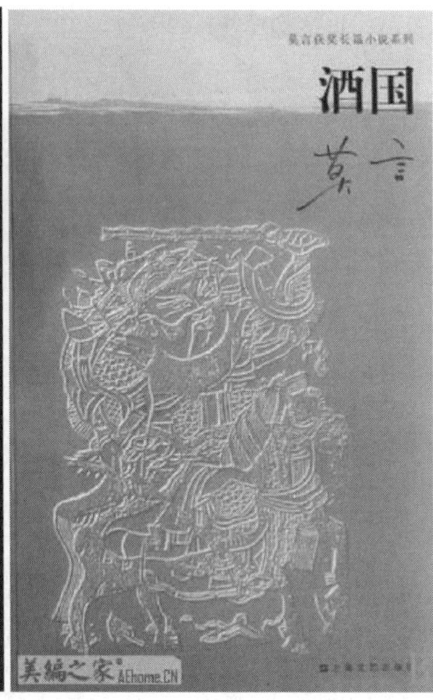

图 2－32

步骤二 确定封面设计的主题

选择一本书，确定该书想要传达的思想和主旨；

以书的思想和主旨为出发点，确定封面设计的主题；

确定封面设计的主题是通过文字设计还是通过图案设计、版面设计来表达。

步骤三 设计封面

设计封面；

设计书脊；

设计封底；

设计前后勒口。

步骤四 检验封面设计

封面、书脊、封底和前后勒口是否各司其职但又共同构成图书的"整体感"？

若此书在网上销售，封面缩小成邮票大小，书名是否还能辨识？

【注意事项】书的封面设计不是艺术设计也不是装饰品，封面设计不能代替书的内容，装饰过度的封面对图书的传播是无益的。

实训四 腰封设计

【实训目的】了解腰封的作用，学会合理运用腰封，掌握腰封设计的基本原理与方法。

【实训原理】缠在封面外的宽约 6 厘米的纸带即"腰封"（或称"书腰"），可印上书名、作者、内容简介、推荐文字等，具有广告宣传的作用。正因为"腰封"可承载的文字信息对图书的营销有一定的促进作用，因此，在出版业激烈的竞争中，"腰封"的使用也越来越频繁，甚至被笑称为出版界的"妖风"。下面关注的就是如何正确使用"腰封"。

【实训器材】设计软件

【实训内容】

步骤一 思考腰封设计的必要性

封面设计是否已经满足需要；

若要增加腰封，是否有合适的内容；

腰封的定位；

腰封是否会对读者的购买形成刺激，见图 2－33、图 2－34。

图 2－33

图 2－34

步骤二　确定腰封设计的主题和内容

腰封的主题是要表达作者的创作意图，还是本书的卖点，抑或是着眼于编辑的观点？

确定腰封的具体内容。

步骤三　设计腰封

文字设计；

版面设计；

图案设计。

步骤四　检验腰封设计

检验腰封是否能凸显图书的特色；

检验腰封与封面设计的关系，二者是否相得益彰，能否共同促进图书的销售。

【注意事项】书腰是一种特殊的广告形式，它不能脱离书籍而存在；书腰空间有限，文字应简洁，以能在书店里展现图书的魅力为宜。

第四节　电视策划与创意

实训一　电视采访

电视采访要进行充分的策划和准备，记者对自己的采访行为进行优化和选择，保证以最佳方式取得第一手材料。

【实训目的】了解电视采访的基本流程和要求，模拟电视采访。

【实训原理】电视采访指电视工作者利用电视技术中一切可以利用的手段，为实现信息的大众传播而进行的素材采集活动。电视媒介的特点决定了它还原原始信息的能力较强。电视采访包括：拍摄，记者出镜——提问、访谈、交流，画外采访——非影像素材。

电视采访的结果一般以电视节目的形式出现。现场获取的素材直接作为节目内容播出，这就要求记者在采访时不能光想着采访，还必须考虑后期的片子结构、报道形式乃至节目风格等编辑因素。

【实训器材】摄像机、话筒、灯光等

【实训内容】

步骤一　职责分工

根据采访需要以及小组各成员的特点和兴趣，将小组成员进行如下分工：

现场编辑；

出镜记者；

摄像师；

录音师；

灯光师。

步骤二　寻找采访线索

训练通过不同途径寻找采访线索：

从自己的生活中发现；

从政府各主管部门获得线索：政策的出台、重大的政治事件以及由主管部门直接提供的新闻事件都是采访线索；

从其他媒介中寻找线索；

观众来信、来电、上访等；

后续新闻线索。

步骤三　电视采访的总体策划

选取校园中一次较大的新闻事件，做模拟的电视采访报道的策划方案。

1. 以编辑部为核心制订宏观策划方案。根据一个时期的政治、经济等形势，制定这一时期的报道方针、目标、重点，以及为实现这一方针、目标、重点进行的重大选题部署和采访安排等。

2. 以编辑部为核心对采访活动进行统一调度。应从整体性的角度出发，对每一个可能涉及的环节做详细的策划。

3. 以记者为主体进行采访策划。涉及相对微观的内容时可运用对比思维、求异思维、逆向思维等方式对整个采访个案的切入点、表现角度、表现手法等进行策划,包括:预见采访可能发生的情况以及可能遇到的困难,设想如何在困难情况下进行采访和拍摄;人、财、物的准备;对现场提问、现场播报、现场述评要有充分的准备;确定摄制组对采访现场的介入方式;确定适合后期编辑的采访框架。

4. 准备多个采访策划方案,以便根据现场情况灵活应对。

步骤四　电视采访的观察

根据选择的新闻事件进行采访观察练习:电视记者进入采访现场,快速准确地进行记录选择。

步骤五　选择电视采访的现场介入方式

根据选择的新闻事件进行现场介入方式练习:

1. 旁观式。采访中尽量不出现摄制组成员的形象和声音,同时在节目的编排中努力消除摄制组在采访现场的存在痕迹,以便较为完整地保留采访现场原生态的生活状态,充分突出采访对象。

2. 声音参与式。电视记者在现场的拍摄镜头中只出现声音,在某些关键时刻用提问或对话方式与被采访者交流,但始终隐藏自己的形象。这种方式便于引导采访的进程,又避免了喧宾夺主,能较好地突出采访对象。

3. 出镜采访。记者通过形象、言行介入采访现场。

步骤六　带机采访,摄录新闻素材

1. 注意准确把握开机时间。这主要包括耐心等待时机;突发事件开机进场;遇重大或突发情况下意识地不关机;把握事件发展脉络、等待高潮出现。

2. 把握事件开展的过程和关键环节。

3. 注意表现环境和细节。

步骤七　练习记录声音形象

同期声是电视画面的一部分,是新闻事实的一部分,也可以独立传达信息。学会选择重点录制的声音形象类型。

实训二　电视新闻节目策划

【实训目的】了解电视新闻节目策划的基本概念和原理,策划不同类型的电视新闻节目。

【实训原理】新闻具有实现向受众传播信息的基本功能，电视新闻是“以现代电子技术为传播手段，以声音、画面为传播符号，对新近或正在发生、发现的事实的报道”。电视媒介因其传播速度快、传播范围广、声画合一等特点，在新闻传播中占据着十分重要的地位。

电视新闻节目是对所有传播新闻信息的各种新闻节目的总称，它包括消息类新闻节目、专题类新闻节目、谈话类新闻节目、电视新闻直播节目、电视新闻杂志节目几种类型。消息类新闻节目是指快速、简要、广泛地传播国内外最新发生的事实的新闻节目，它是人们了解所生活的环境的重要途径，消息类新闻节目最能体现电视新闻的时效性和真实性的特点。专题类新闻节目往往将新闻事件进行深度报道，需要对新闻素材进行反复挑选，将人们关注的热点、难点、焦点问题作为选题，在报道事实的基础上对新闻素材进行分析，引起观众的深层次思考。谈话类新闻节目主要是对新闻事实进行评议、阐述道理，提出具有个人特色或栏目特色的看法或观点，对节目制作者的要求更高、更全面，也是电视改善其瞬时性劣势的重要途径和渠道。目前，这一新闻节目备受重视。电视新闻直播节目是通过各种信息传输技术，将设置在新闻现场的画面、音响、综合背景信息传输回演播室，通过现场记者和演播室人员的互动、串联、切换，将信息实时传播给受众的一种形式。20世纪80年代末90年代初，当电视直播在小范围内试探性开展时，就赢得了广泛关注和一致好评。1997年，电视直播实现了真正的突破，被誉为中央电视台的“直播年”：“香港回归”直播报道、“黄河小浪底截流工程”直播报道、“长江三峡大江截流”直播报道、“日全食——彗星天象奇观”等一系列直播报道得到了观众极大的认可。此后，重大新闻现场直播报道涉及了从政治活动、社会事件到自然奇观等多个领域，从单点连续直播发展成为多点异地直播，通过声画兼备、场景直观、细节生动的优势，以强烈的现场感、参与感、融入感吸引观众，通过时间上的同步性、空间上的接近性，将观众拉入新闻现场，成了电视媒体非常重要的节目形式之一，极大地缩小了信息传播过程中传播者和受众间的时空间隔，基本同步地将新闻现场呈现给受众，有助于最大限度地保证新闻事件的新鲜、客观与完整，也是最大限度体现电视新闻节目特性的节目形式。

随着信息技术的不断发展，受众获取信息的渠道变得越来越多样化，新媒体的冲击对电视的生存造成了很大威胁，特别是电视单向性的传授方式越来越受到互动式传播方式的影响。因此，电视新闻策划是在电视新闻节目制作播出前，基于电视新闻信息需求不断增加、要求不断提高的变化，从信息量、信息选择、信息编辑、信息传播方式等各个方面进行的有必要的工作。

【实训内容】

步骤一　分析具有代表性的电视新闻节目，加深对电视新闻节目策划的理解

1. 消息类电视新闻节目（如中央电视台《新闻联播》，湖南都市频道《都市1时间》等），见图2－35。

图2－35　中央电视台《新闻联播》

2. 专题类电视新闻节目（如中央电视台《焦点访谈》、凤凰卫视《时事开讲》等），见图2－36。

图2－36　中央电视台《焦点访谈》

3. 谈话类电视新闻节目(如中央电视台《面对面》、凤凰卫视《锵锵3人行》),见图2-37、图2-38。

图2-37　中央电视台《面对面》

图2-38　凤凰卫视《锵锵3人行》

4. 电视新闻直播节目:

事件连线分析:“神舟十号发射”直播节目

观点连线分析:《东方时空——时空连线》

步骤二　新闻选题策划

1. 关注新事物、新现象、新问题,选择具有新闻价值的素材。2. 根据电视新闻选题标准,如新鲜性、时效性、典型性、独家性、可操作性,看所选择的素材是否符合选题要求。

3. 确定选题适合的节目类型、播出长度、编辑特点、结构方式、交流方式等。

步骤三　实施新闻采访

1. 现场采访。

2. 嘉宾采访。

步骤四　编排策划

1. 为消息类新闻节目安排消息的播出次序。

2. 专题类新闻节目与其他节目间关系的合理编排。

3. 正确处理谈话类新闻节目中新闻信息与述评间的关系。

4. 电视直播节目的形式、设置与切换。

总体来说,新闻节目编排需要从新闻价值到收视心理、传播效果等方面明确几个原则:①重要性原则。根据新闻事件的重要性或新闻本身的价值,安排新闻的播出时间和播出次序。②贴近性原则。将符合受众收视心理和收视习惯,以及贴近受众生活和实际利益的新闻放在开头。③同类原则。集中同一类型的信息,形成整体的播出效果,使节目编排更有秩序。④间隔原则。重要的、有价值的新闻不要集中在一起播出,应加以分割后在一个线性的时间过程中,在不同的时间点上安排不同的新闻,运用棚架结构,在两三个重要新闻之间安排一些相对次要的新闻,形成持续不断的峰谷效应,以避免节目出现头重脚轻、虎头蛇尾的状况。

步骤五　节目形式与播出策划

1. 节目形式策划。

(1)节目的大体结构策划

(2)节目板块框架策划

(3)形式包装策划:主题音乐、片头片尾、主持人形象、演播室设计、动画制作、广告宣传语等。

2. 播出策划:选择恰当的播出时机。

实训三　电视访谈节目策划

【实训目的】加深对电视访谈节目的了解和认识，掌握电视访谈节目策划涉及的内容，策划不同类型的电视访谈节目。

【实训原理】中国访谈类电视节目的兴起与发展源于西方电视"脱口秀"节目(talk show)的影响和促进。奥普拉·温弗瑞主持的电视谈话节目"奥普拉脱口秀"(*Oprah Winfrey Show*)，平均每周吸引3 300万名观众观看，并连续16年排在同类节目的收视率榜首。"拉里·金访谈"(*Larry King Live*)、大卫·莱特曼主持的夜间谈话节目《大卫深夜节目》(*Late show with David Letter - man*)以及杰·雷诺主持的《今夜》(*Tonight*)等同类型的节目也受到观众的热烈追捧，他们给中国访谈类节目提供了许多宝贵的经验。

以1996年中央电视台《实话实说》创办为标志，中国访谈类电视节目开始蓬勃发展，经过十几年的历程，中国访谈类节目形成了众多不同的形式，例如，注重新闻性的谈话节目《新闻1+1》；注重社会性话题的《实话实说》；以经济类话题为主的《对话》；以情感类话题为主的《人间》；以娱乐性为主的《超级访问》，等等。它们以人际沟通交流作为基础，借用电视媒介大众传播的平台，在满足观众信息需求、娱乐需求等方面具有不可替代的地位。

电视访谈节目策划主要涉及节目录制之前的前期准备工作，旨在预测和掌控节目谈话现场，实现对节目成形的预期和控制。由于电视访谈节目时间长、内容容量大，牵涉的人员多，协调和配合工作复杂，因此，电视访谈节目策划就是用一种统一、调度的思维保证每一期节目都能按照标准的制作流程进行，保证话题、嘉宾、主持人的引导与平衡、现场观众的选择与配合均在可控制的范围，以保证访谈节目的质量。

【实训内容】

步骤一　分析不同的谈话节目，加深对访谈节目策划的认识和理解，见图2-39至图2-41。

步骤二　访谈节目类型的策划

1. 根据自身的兴趣，策划一档访谈节目，确定节目类型、定位、访谈方式等。
2. 根据节目特点，选择合适的主持人。
3. 根据节目类型、访谈方式及主持人特点，选择主持人参与话题的方式。

选题策划

选择一种类型的谈话节目，根据节目的特点进行选题。

图 2－39 《奥普拉访谈》

图 2－40 《实话实说》

图 2－41 《超级访问》

1. 根据节目自身定位以及收视群体的类型和特点，设置谈话节目选题的评价标准和筛选原则。

2. 广泛搜集信息，寻找具有突破性的素材。

3. 选择适合栏目操作的题目，确定电视谈话节目“谈什么”。

步骤三　选题制作的思路策划

1. 根据选题，寻找话题切入的独特角度。

2. 确定话题的价值取向和谈话脉络。

步骤四　选择嘉宾与观众，设计与嘉宾、观众的交谈

1. 根据选题选择与话题关系密切的当事人或在某些问题上有独到见解的专家作为嘉宾。

2. 与嘉宾沟通。

3. 观众及观众参与话题方式的选择。

步骤五　现场谈话的设计策划

1. 设计谈话路径。

(1)设计开场导视；

(2)设计主持人开场语；

(3)设计谈话的进程；

(4)设计谈话的高潮；

(5)设计谈话的结尾。

2. 设计谈话现场。

(1)其他艺术形式的参与；

(2)场景和道具设计。

实训四　电视娱乐节目策划

【实训目的】认识和了解电视娱乐节目的类型和特点，掌握电视娱乐节目策划涉及的原则和内容，策划不同类型的电视娱乐节目。

【实训原理】1948 年，现代传播学的奠基人之一拉斯韦尔在《社会传播与结构》一书中提出了新闻媒介的三大功能：①环境监视功能。由于自然与社会环境是不断变化的，人类只有及时了解、把握并适应内外环境的变化，人类社会才能保证自己的生存与发展。因此，新闻媒介要具备准确地、客观地反映现实社会的真实情景，再现周围世界的原貌及其重要发展的功能。②社会协调功能。这是指新闻媒介将社会的各个部分、各个环节、各类因素整合为一个有机整体，实现社会各组成部分之间的协调和统一，以适应环境的变化和应付环境挑战的能力。这一功能体现为对环境信息的选择与解释。③文化传承功能。人类社会的发展是建立在继承和创新的基础之上的，只有将前人的经验、智慧、知识加以记录、积累、保存并传给后代，后人才能在前人的基础上做进一步的完善、发展和创造。因此，新闻媒介具有将社会成员共同积累起来的科学知识、社会经验、价值观与道德规范等从社会的老成员传给新来者，使社会的文化传统永久延续的功能。在拉斯韦尔"三功能论"的基础上，1975 年，赖特在《大众传播的社会学观点》中提出，媒介还应具有提供娱乐的功能，这主要是为了给受众提供消遣和乐趣，满足受众精神生活的需要，而实际上娱乐信息占媒介传播信息总量的一半以上。施拉姆在对大众传播社会功能的概括中，将其分别定义为政治功能（包括环境监视、社会协调、遗产传承），一般社会功能（包括社会控制、规范传递、娱乐），以及经济功能（包括经济信息的收集、提供和解释、开创经济行为）。拉扎斯菲尔德和默顿的功能观中对媒介的娱乐功能持有怀疑和否定的态度，认为媒介的娱乐功能会对受众产生麻醉作用，使受众沉溺于表层信息和通俗娱乐中，失去社会行动力而满足于被动的知识积累。作为重要的大众媒介之一的电视，其娱乐功能的体现往往是通过策划制作各种类型的娱乐节目用以满足人们精神生活和消遣休闲的需求。

电视娱乐节目的策划应从五个方面入手，包括：①定位节目宗旨。其基本原则在于为观众提供雅俗共赏、喜闻乐见的娱乐性内容，使观众得到精神上的放松和情绪上的愉悦。②确定节目对象。无论是哪一类的电视节目，都应选择节目所针对的目标受众群体，并根据目标受众群体的特征策划、制作节目的具体内容。由于受众都有娱乐的需求，因此，电视娱乐节目应尽可能涵盖更多的电视观众。③设定节目内容。满足娱乐需求的形式是多种多样的，音乐、歌舞、小品、戏曲、杂技等多种文艺形式都是电视娱乐节目可选择的内容。此外，随着西方"真人秀"节目的引入，电视娱乐节目也从单纯的文艺表演向游戏娱乐、选秀、婚恋等多元化、娱乐化和综艺化的方向转变。因此，策划一档电视综艺节目需要针对节目收视对象的收视习惯和收视喜好，选择适当的节目内容，以满足受众的需求。④选择和策划节目手段。节目手段是指对节目内容进行更为细致的规划与设计，是对节目内容的加工与创作。例如，运用游戏、访谈、竞赛等多种方式，将节目内容设置成不同的环节并整合成一体，呈现给观众。⑤确定节目样式。主要是指对电视综艺节目的制作播出周期及其形式的确定。例如，可以将电视综艺节目设置成一个常规性的栏目，在固定的播出时间以固定的时段时长以及相对固定的主持人、节目模式、节目流程等播出；或是针对特定的主题策划制作一期或几期综艺晚会或综艺活动。

电视娱乐节目往往由几个节目单元(也可称为板块或环节)构成,各单元间可形成不同的结构与关系,大致可以分为三种类型:①拼盘型。各单元间相对独立,关联较小,观众可选择其中一个或几个感兴趣的单元进行收看。②递进型。各单元间前后承接,关系紧密,前一单元往往作为后一单元的铺垫,最终推动形成节目的高潮,有助于吸引观众与节目形成紧密联系,从头至尾始终关注。③混合型。吸取上述两种板块结构形成的混合型结构,板块中有小环节,板块中的小环节环环相扣;一个大板块后还有其他大板块,大板块相互之间相对独立。

电视娱乐节目的娱乐元素主要包括:表演元素、游戏元素、益智元素、博彩元素、竞争元素、婚恋元素、真人秀元素等。

【实训内容】

步骤一　分析不同的娱乐节目,加深对娱乐节目策划的认识和理解

从节目定位、节目收视对象、节目内容、节目手段和节目样式五个方面对案例进行分析。

1. 娱乐资讯类节目;见图2－42。
2. 娱乐谈话类节目;见图2－43、图2－44。
3. 综艺表演类节目;见图2－45至图2－48。
4. 游戏娱乐类节目;见图2－49、图2－50。
5. 益智闯关类节目;见图2－51、图2－52。
6. 才艺竞秀类节目;见图2－53至图2－56。
7. “真人秀”娱乐类节目;见图2－57至图2－59。

图2－42　《每日文娱播报》

图 2－43 《康熙来了》

图 2－44 《艺术人生》

图 2－45　《同一首歌》

图 2－46　《曲苑杂坛》

图 2－47　《南北笑星火辣辣》

图 2－48　《梦想剧场》

图 2－49　《我猜我猜我猜猜猜》

图 2－50　《快乐大本营》

图 2－51 《谁想成为百万富翁》

图 2－52 《开心辞典》

图 2－53　《挑战主持人》

图 2－54　《中国好声音》

图 2－55　《舞林大会》

图 2－56 《星跳水立方》

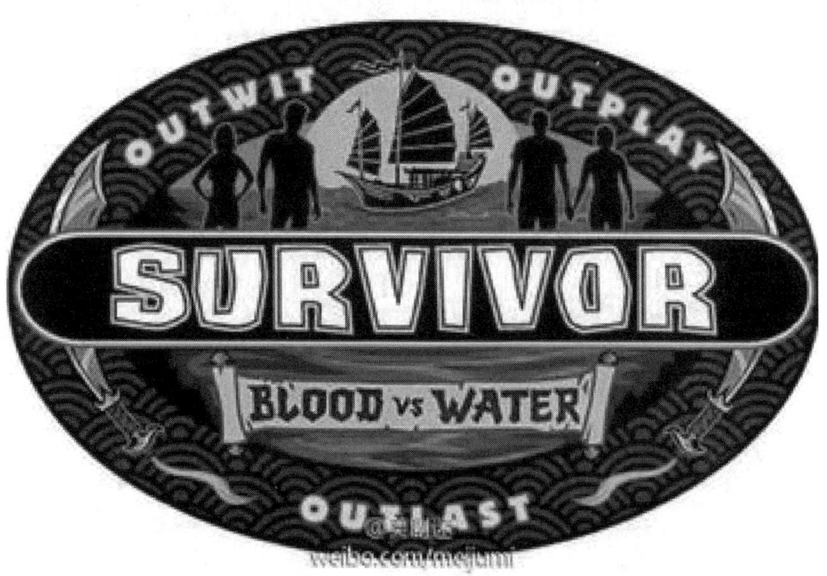

图 2－57 《生存者》

图 2-58　《非诚勿扰》

图 2-59　《职来职往》

步骤二　娱乐节目类型的总体策划

根据自身的兴趣,策划一档娱乐节目。

1. 确定节目类型。

2. 确定节目定位、目标受众。

3. 确定节目内容和节目样式。

步骤三　策划一期娱乐节目

1. 主题策划。在栏目既定模式下,一期节目用一个主题作为线索贯穿起来,旨在消除观众的收视疲劳,增加其收视兴趣。

(1)根据节目自身定位以及收视群体的类型和特点,设置节目选题的评价标准和筛选原则;

(2)广泛搜集信息,寻找具有突破性的素材为主题设置服务;

(3)筛选素材,选择适合栏目操作的题目,确定这一期节目的主题。

2. 节目板块设计。

(1)为节目设置不同的单元;

(2)设置单元的强弱关系,打造强势板块;

(3)设置各单元进行的顺序。

3. 选择嘉宾与观众,设计主持人、嘉宾、观众在节目中的参与及互动方式

(1)根据主题选择恰当的嘉宾、观众;

(2)设计主持人在节目中的出现方式和引导节目流程的方式;

(3)设计嘉宾参与节目的方式;

(4)设计观众参与节目的方式;

(5)设计主持人、嘉宾、观众的互动关系。

4. 设计节目进行路径。

(1)设计开场导视;

(2)设计主持人开场语;

(3)设计节目的进程;

(4)设计节目的高潮;

(5)设计节目的结尾。

步骤四　娱乐节目现场的设计策划

1. 其他艺术形式的参与。

2. 场景和道具设计。

第五节　新媒体策划与创意

实训一　网络新闻编辑

【实训目的】认识和了解网络新闻传播的特性，认识和理解网络新闻编辑的不同手段，运用各种手段进行网络新闻编辑。

【实训原理】网络新闻传播在很大程度上是对传统新闻工作原则和方法的继承，但又由于互联网的特性，网络新闻传播也具备了自身独有的一些特性：①层次化加工。层次化加工指利用超链接等手段，将新闻信息进行分层处理，读者可根据自身对于信息需求的不同而获取不同层次的新闻信息，实现个性化需求的满足。②多媒体整合。运用多种多媒体形式来共同呈现一个主题的信息内容，使得信息传播更为生动、立体。例如：运用 Flash 制作新闻报道，将文字、图片、声音、图表等信息内容运用 Flash 这一技术手段整合在一起。早期是将若干张新闻图片用 Flash 串联起来，进行连续播放；随着对 Flash 技术手段运用的日趋成熟，运用 Flash 制作新闻报道已经越来越多普遍，且融入了电影和电视化的思维与手段对静态的图像进行处理，最大限度地发挥了静态图像的作用，同时又可以弥补视频新闻素材不足的缺憾。③动态化报道。由于网络媒体的即时性，使得网络新闻能在第一时间将突发事件的信息以最快的速度进行报道。动态化报道也可用于一些重大事件的进展过程中作为实时跟踪的报道方式。④专题报道。网络新闻可以运用各种媒体手段和资源，对特定的主题或事件进行较大规模的组合式、连续式报道，形成深入的、完整的信息报道。⑤互动性的加强。在新媒体时代，新闻媒体不再仅仅将新闻信息传播给受众，同时还急切地希望得到人们对于这些新闻信息的意见与态度。我们熟知的网民跟帖、论坛讨论等互动方式以及新闻报道中的嵌入式互动都成为构造网络新闻传播特性的重要手段。特别是嵌入式互动，是通过某种方式使网民在阅读或观看新闻时就可以直接与新闻的内容产生互动关系。例如，通过 Flash 新闻中的控制按钮、动态提示点、动态信息接收区域等均可实现网络新闻的嵌入式互动。

【实训内容】

步骤一　运用超链接对新闻信息进行层次化加工

1. 选择一个新闻素材作为信息加工的对象。

2. 对新闻素材进行不同层次的加工，形成新闻稿。

3. 将加工好的新闻稿进行分层处理。

4. 运用超链接将不同层次的新闻进行合理化结构。

步骤二　运用多媒体技术呈现新闻信息

1. 运用 Flash 制作新闻报道。

(1)运用 Flash 将几张图片制作成“幻灯片”类的新闻;

(2)运用 Flash 手段,融入电影和电视化思维将静态的图片作“推”“拉”“摇”“移”等处理;

(3)在 Flash 新闻报道中加入声音素材(包括解说、音响等);

(4)在 Flash 新闻报道运用图表呈现新闻信息。

2. 运用视频呈现新闻信息。

步骤三　制作网络新闻专题

选择一个新闻事件制作网络新闻专题。

(1)搜集新闻事件的背景、事件发生发展的线索、事件的影响、事件的评价等信息;

(2)设置网络新闻专题的组成板块并设置板块间的结构关系,合理设置阅读节奏;

(3)运用多媒体技术呈现各板块的内容;

(4)尝试使用各种手段增加新闻专题的独创性。

步骤四　设计制作网络新闻的互动方式

选择一个新闻事件,设计一种符合新闻事件的互动方式。

实训二　网络调查

【实训目的】认识和了解网络调查,掌握网络调查的基本原则,设计并实施一次网络调查。

【实训原理】网络调查又称在线调查,它是一种基于传统问卷调查方式、以计算机网络技术为基础的调查途径。网络调查的方法主要有两种:一种是站点法,即将问卷放在网络站点上,由任意的访问者自愿填写,接受调查。另一种是用 E－mail 等形式将问卷发送给特定的受众,被调查者收到问卷后,填写问卷,点击“提交”或回复邮件,调查问卷即被回收。此外,网络调查还可以通过网络讨论法和网络观察法对被调查的内容进行信息搜集。网上讨论法可通过多种途径实现,如 BBS、ICQ、newsgroup、网络实时交谈(IRC)、网络会议(Netmeeting)等。主持人在相应的讨论组中发布调查项目,请被调查者参与讨论,发布各自的观点和意见,或是将分散在不同地域的被调查者通过互联网视讯会议功能虚拟地组织起来,在主持人的引导下进行讨论。网上讨论法是小组讨论法在互联网上的应用,它的结果需要主持人加以总结和分析,对信息收集和数据处理的模式设计要求很高,难度较大。网上观察法是对网站的访问情况和网民的网上行为进行观察和监测,大量网站都在做这种网上监测。很多可供免费下载的软件,事实上也在做网上行为监测,由此记录被试者的全部网上行为。

网络调查的实施可以充分利用因特网作为信息沟通渠道的开放性、自由性、平等性、广泛性和直接性的特性,使得网上市场调查具有传统的一些市场调查手段和方法所不具备的独特的优势:①及时性。网上调查是开放的,任何网民都可以进行投票和查看结果,而且在投票信息经过统计分析软件初步自动处理后,可以马上查看到阶段性的调查结果。②低费用。实施网上调查节省了传统调查中耗费的大量人力和物力。③交互性。网络的最大好处是交互性,因此在网上调查时,被调查对象可以及时就问卷相关问题提出自己的看法和建议,可减少因问卷设计不合理导致的调查结论偏差。④客观性。实施网上调查,被调查者是在完全自愿的情况下参与调查的,调查的针对性更强,因此问卷填写信息可靠、调查结论客观。⑤突破时空性。网上调查是24小时全天候的调查,这就与受区域制约和时间制约的传统调研方式有很大不同。⑥可控制性。利用因特网进行网上调查收集信息,可以有效地对采集信息的质量实施系统的检验和控制。

网络调查的适用范围很广,既适合于个案调查,也适合于统计调查。但在实践过程中,网络调查并不总是能得到最佳的使用,这就要求我们在使用网络调查时,针对所调查的内容进行严密的设计和策划,这样才能不断完善我们的调查,提高网络调查的质量。

【实训内容】

步骤一　对近期某网站所做的一个在线调查进行分析和评价

下面的例子是一个关于“电子政务”的网络调查,见图2-63至图2-73。

步骤二　选择一个主题进行网络调查

可选择社会调查主题或商业调查主题。

步骤三　确定网络调查的目标、样本数量、样本质量

在确定网上直接调查目标时,需要考虑的是被调查对象是否上网,网民中是否存在着被调查群体,规模有多大。只有网民中的有效调查对象足够多时,网上调查才可能得出有效结论。

关于“电子政务”的调查

问卷奖励：30积分

等级限制：不限制　截止日期：2013年09月29日 23点

亲爱的网民：

您好！

欢迎您参加关于“电子政务”的公益调查，想问几个简短的问题，了解一下您对我国电子政务的使用情况，以及媒体接触和消费行为，希望您能支持我们的工作，谢谢。

我是调查社区用户...

登录并答题

只有登录才能获得相应的问卷奖励

我是游客...

直接开始答题

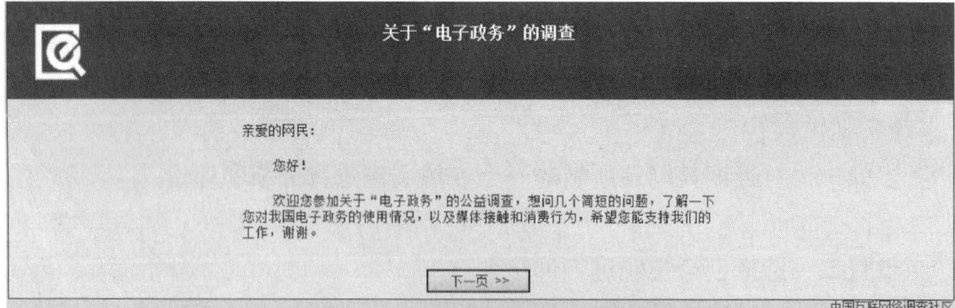

图 2－60　关于“电子政务”的网络调查

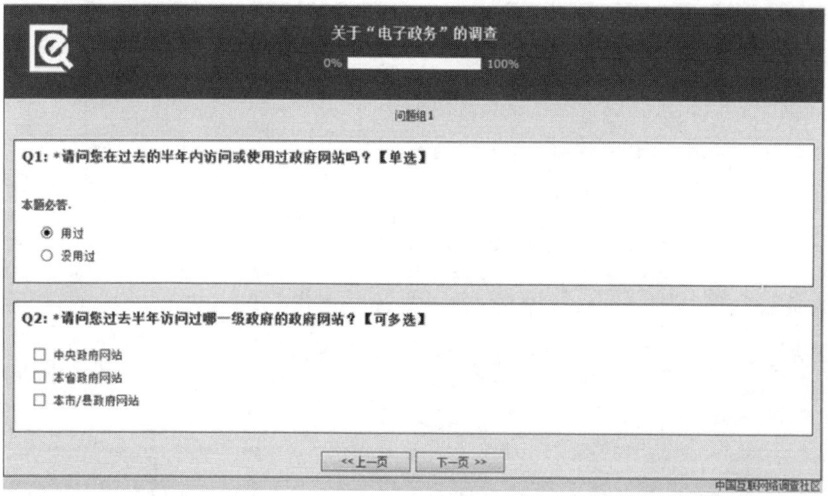

关于“电子政务”的调查

0% 100%

问题组1

Q1: *请问您在过去的半年内访问或使用过政府网站吗？【单选】

本题必答.

◉ 用过

○ 没用过

Q2: *请问您过去半年访问过哪一级政府的政府网站？【可多选】

☐ 中央政府网站

☐ 本省政府网站

☐ 本市/县政府网站

<<上一页　下一页>>

中国互联网络调查社区

图 2 －61

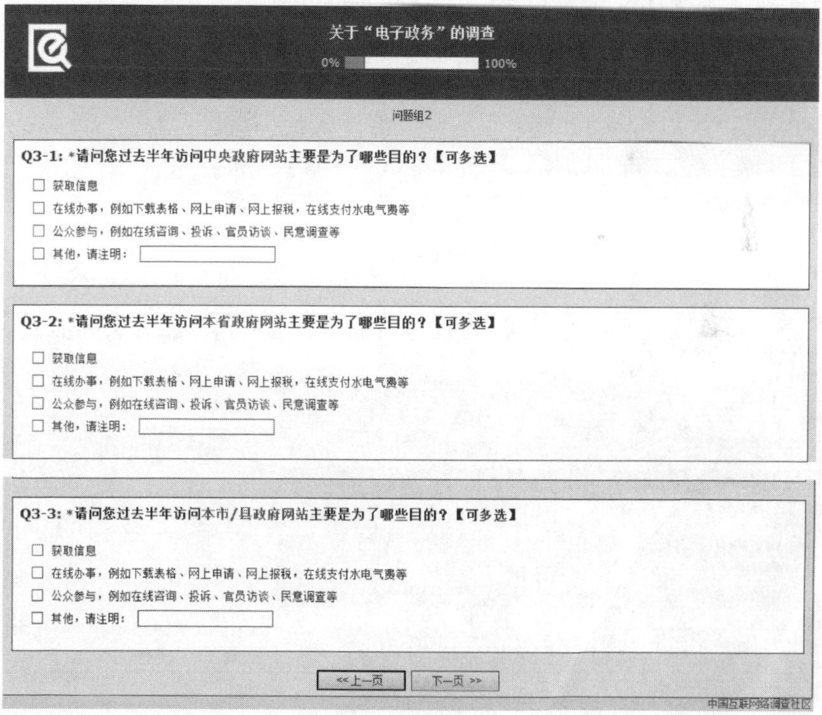

关于“电子政务”的调查

0% 100%

问题组2

Q3-1: *请问您过去半年访问中央政府网站主要是为了哪些目的？【可多选】

☐ 获取信息

☐ 在线办事，例如下载表格、网上申请、网上报税，在线支付水电气费等

☐ 公众参与，例如在线咨询、投诉、官员访谈、民意调查等

☐ 其他，请注明：

Q3-2: *请问您过去半年访问本省政府网站主要是为了哪些目的？【可多选】

☐ 获取信息

☐ 在线办事，例如下载表格、网上申请、网上报税，在线支付水电气费等

☐ 公众参与，例如在线咨询、投诉、官员访谈、民意调查等

☐ 其他，请注明：

Q3-3: *请问您过去半年访问本市/县政府网站主要是为了哪些目的？【可多选】

☐ 获取信息

☐ 在线办事，例如下载表格、网上申请、网上报税，在线支付水电气费等

☐ 公众参与，例如在线咨询、投诉、官员访谈、民意调查等

☐ 其他，请注明：

<<上一页　下一页>>

中国互联网络调查社区

图 2 －62

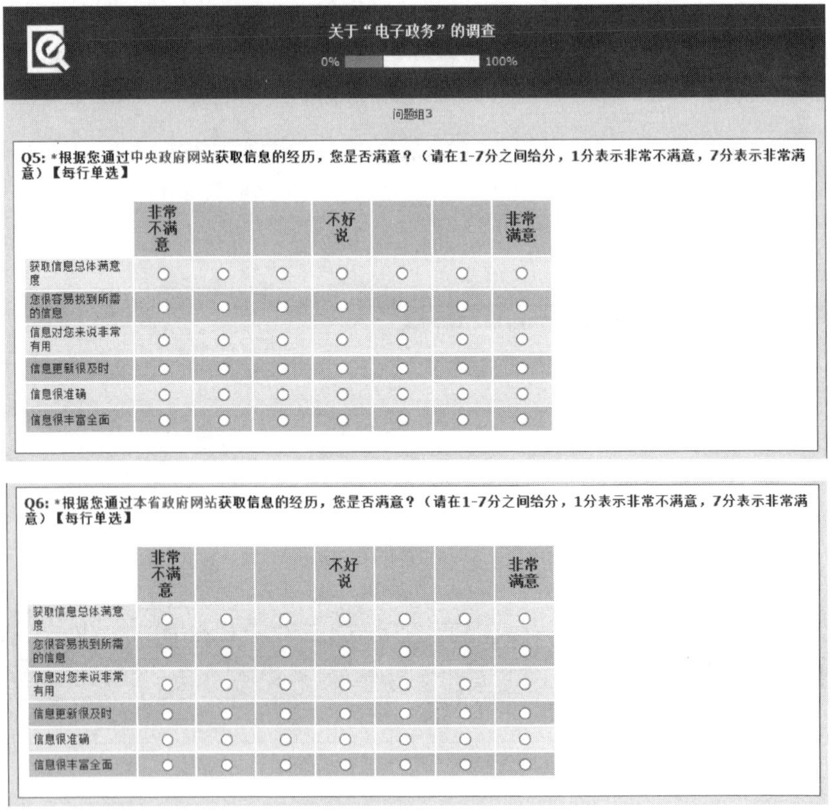

关于“电子政务”的调查

0% 100%

问题组3

Q5: *根据您通过中央政府网站获取信息的经历，您是否满意？（请在1-7分之间给分，1分表示非常不满意，7分表示非常满意）【每行单选】

	非常不满意			不好说			非常满意
获取信息总体满意度	○	○	○	○	○	○	○
您很容易找到所需的信息	○	○	○	○	○	○	○
信息对您来说非常有用	○	○	○	○	○	○	○
信息更新很及时	○	○	○	○	○	○	○
信息很准确	○	○	○	○	○	○	○
信息很丰富全面	○	○	○	○	○	○	○

Q6: *根据您通过本省政府网站获取信息的经历，您是否满意？（请在1-7分之间给分，1分表示非常不满意，7分表示非常满意）【每行单选】

	非常不满意			不好说			非常满意
获取信息总体满意度	○	○	○	○	○	○	○
您很容易找到所需的信息	○	○	○	○	○	○	○
信息对您来说非常有用	○	○	○	○	○	○	○
信息更新很及时	○	○	○	○	○	○	○
信息很准确	○	○	○	○	○	○	○
信息很丰富全面	○	○	○	○	○	○	○

图2－63

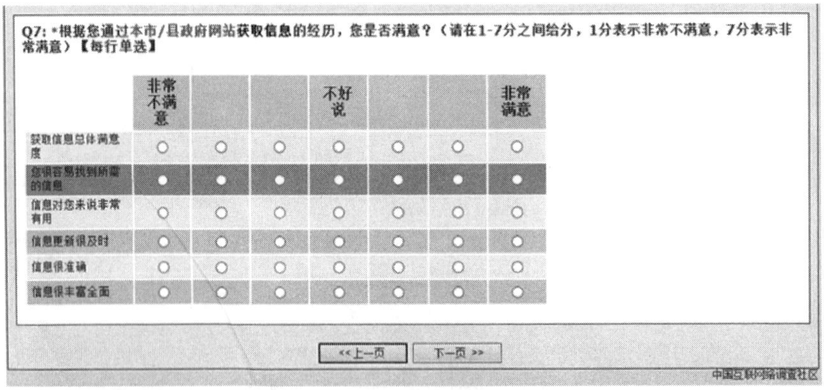

Q7: *根据您通过本市/县政府网站获取信息的经历，您是否满意？（请在1-7分之间给分，1分表示非常不满意，7分表示非常满意）【每行单选】

	非常不满意			不好说			非常满意
获取信息总体满意度	○	○	○	○	○	○	○
您很容易找到所需的信息	○	○	○	○	○	○	○
信息对您来说非常有用	○	○	○	○	○	○	○
信息更新很及时	○	○	○	○	○	○	○
信息很准确	○	○	○	○	○	○	○
信息很丰富全面	○	○	○	○	○	○	○

<<上一页 下一页>>

中国互联网络调查社区

图2－64

关于“电子政务”的调查

0%　100%

问题组4

Q8: *请问您过去半年访问政府网站使用过哪些在线办事服务？【可多选】

- □ 医疗卫生
- □ 残疾人服务
- □ 社会保险
- □ 教育
- □ 生育
- □ 慈善捐赠
- □ 出入境
- □ 招聘就业
- □ 户籍
- □ 工商登记注册
- □ 科技项目申报
- □ 妇幼保健
- □ 医疗救助
- □ 交通车辆服务
- □ 公共事业缴费（水费、电费等）
- □ 其他，请注明：＿＿＿＿

图 2－65

Q9: *根据您通过本省政府网站在线办事的经历，您是否满意？（请在1-7分之间给分，1分表示非常不满意，7分表示非常满意）【每行单选】

	非常不满意			不好说			非常满意
在线办事总体满意度	○	○	○	○	○	○	○
在线办事功能很容易使用	○	○	○	○	○	○	○
在线办事流程清晰	○	○	○	○	○	○	○
在线办事处理效率高	○	○	○	○	○	○	○
我需要的在线办事项目基本都开通了	○	○	○	○	○	○	○
在线办事功能对您非常有用，对您帮助很大	○	○	○	○	○	○	○

Q10: *根据您通过本市/县政府网站在线办事的经历，您是否满意？（请在1-7分之间给分，1分表示非常不满意，7分表示非常满意）【每行单选】

	非常不满意			不好说			非常满意
在线办事总体满意度	○	○	○	○	○	○	○
在线办事功能很容易使用	○	○	○	○	○	○	○
在线办事流程清晰	○	○	○	○	○	○	○
在线办事处理效率高	○	○	○	○	○	○	○
我需要的在线办事项目基本都开通了	○	○	○	○	○	○	○
在线办事功能对您非常有用，对您帮助很大	○	○	○	○	○	○	○

<<上一页　下一页 >>

中国互联网络调查社区

图 2－66

关于“电子政务”的调查

0% 100%

问题组6

Q14: *请把您使用‘本省政府网站’的经历作一个整体来考虑，您对‘本省政府网站’下列各方面的整体满意度如何？（请在1-7之间给分，1表示非常不满意，7表示非常满意）【每行单选】

	非常不满意			不好说			非常满意
对本省政府网站的总体满意度	○	○	○	○	○	○	○
外观（排版、配色、界面设计）	○	○	○	○	○	○	○
功能（提供的可使用的功能，如交费、登记）	○	○	○	○	○	○	○
操作（是否容易使用）	○	○	○	○	○	○	○
内容（展现的信息）	○	○	○	○	○	○	○

图 2－67

Q15: *请把您使用‘本市/县政府网站’的经历作一个整体来考虑，您对‘本市/县政府网站’下列各方面的整体满意度如何？（请在1-7之间给分，1表示非常不满意，7表示非常满意）【每行单选】

	非常不满意			不好说			非常满意
对本市/县政府网站的总体满意度	○	○	○	○	○	○	○
外观（排版、配色、界面设计）	○	○	○	○	○	○	○
功能（提供的可使用的功能，如交费、登记）	○	○	○	○	○	○	○
操作（是否容易使用）	○	○	○	○	○	○	○
内容（展现的信息）	○	○	○	○	○	○	○

<<上一页　下一页 >>

中国互联网络调查社区

关于“电子政务”的调查

0% 100%

问题组7

Q16: *请问您过去半年是否使用过微博？【单选】

◉ 是
○ 否

Q17: *请问您是否关注了政府部门的微博？【单选】

◉ 是
○ 否

Q18: *对政府微博的以下说法，你是否同意？（请在1-7之间给分，1表示完全不同意，7表示完全同意）【每行单选】

	完全不同意			不好说			完全同意
政府发布的微博很及时	○	○	○	○	○	○	○
政府发布的微博对我很有帮助	○	○	○	○	○	○	○
政府发布的微博比较可信	○	○	○	○	○	○	○
政府微博经常和粉丝互动	○	○	○	○	○	○	○
通过政府微博可以向政府部门有效地反映问题	○	○	○	○	○	○	○

<<上一页　下一页 >>

中国互联网络调查社区

图 2－68

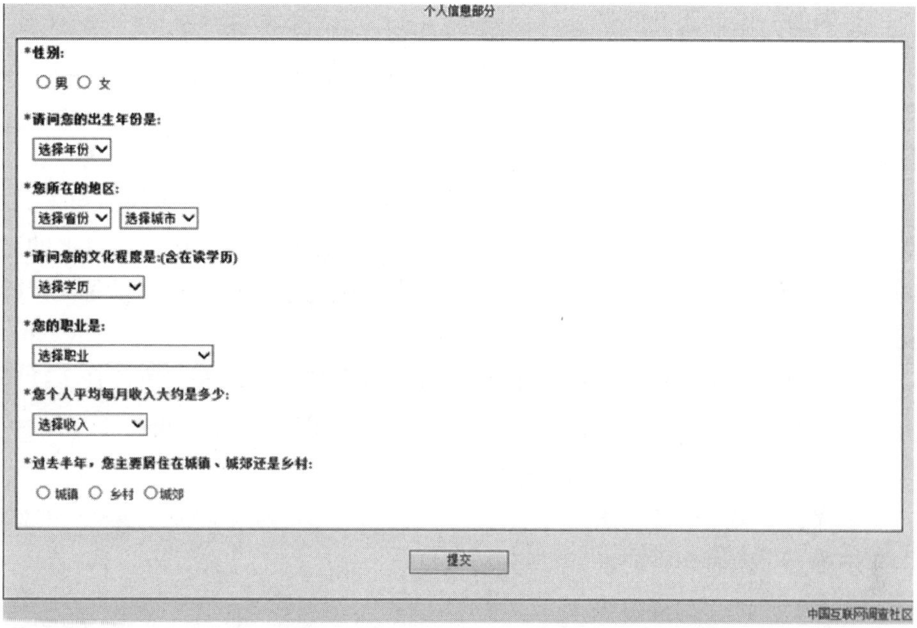

个人信息部分
*性别:
○男 ○女
*请问您的出生年份是:
选择年份
*您所在的地区:
选择省份 选择城市
*请问您的文化程度是:(含在读学历)
选择学历
*您的职业是:
选择职业
*您个人平均每月收入大约是多少:
选择收入
*过去半年，您主要居住在城镇、城郊还是乡村:
○城镇 ○乡村 ○城郊
提交
中国互联网调查社区

图 2－69

感谢参与
分享问卷：
您已经成功提交了本次调查问卷，感谢您的参与！
CNNIC诚挚邀请您加入中国互联网调查社区，成为中国网民代表。
加入中国互联网调查社区，并登录客户端，您就可以：
· 赚金币、换好礼
(各类充值卡、现金券等)
· 参与社区抽奖活动、赢取时尚大奖
(iphone、ipad等各种时尚数码产品)
赶快加入吧！
调查社区Email帐号:
请填入一个您已经拥有的Email帐号

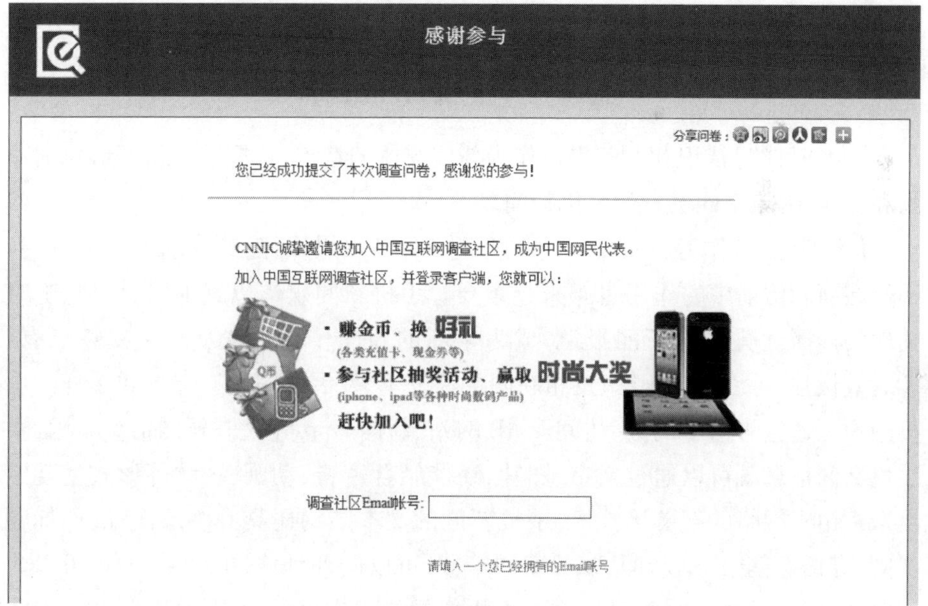

图 2－70

步骤四　设计调查问卷

吸引访问者参与调查是关键，为提高受众参与的积极性，可提供小礼品等。另外，必须向被调查者承诺并且做到有关个人隐私的任何信息不会被泄露和传播。

由于在线调查占用被访问者的上网时间，因此在设计上应该简洁明了，尽可能少占用填写表单的时间和上网费用（如果一份问卷需要10分钟以上的时间，相信多数人没有这种耐心），避免被访问者产生抵触情绪而拒绝填写或者敷衍了事。

由于因特网交互机制的特点，网上调查可以采用调查问卷分层设计。这种方式适合过滤性的调查活动，因为有些特定问题只限于一部分调查者，所以可以借助层次的过滤寻找适合的回答者。

步骤五　实施网络调查

步骤六　回收调查问卷，整理分析信息

步骤七　撰写调查报告

撰写调查报告是网上调查的最后一步，也是调查成果的体现。撰写调查报告主要是在分析调查结果的基础上对调查的数据和结论进行系统的说明，并对有关结论进行探讨性的说明。

实训三　手机新闻编辑

【实训目的】认识和了解手机作为新闻媒体的特点，掌握手机新闻编辑的原则和方法，编辑不同类型的手机新闻。

【实训原理】作为新闻媒体的手机是一种新兴媒体，随着移动网络的发展，手机在新闻传播中的作用也越来越重要。手机新闻媒体以其即时、便捷、随时随地的传播优势参与新闻报道，成为全新的新闻传播手段。其主要特点有：①时效性强，可以随时跟踪、发布新闻事件发生、发展的情况。②形式多样。手机用户可通过彩信手机报、访问WAP网站、新闻App等获取新闻信息。因此，手机新闻信息既可以通过文字、图片，还能结合声音、动画、视频等形式呈现给受众。由于网络的超链接技术，手机新闻的文本结构还具有多层次性，如标题新闻、导语新闻、详细新闻、相关新闻等，既可以向外延伸、平面展开，也可以向内深化、纵深搜索。③互动性强。手机新闻的用户可以通过短信、跟帖等方式实现与手机新闻编辑的有效互动，还能通过新闻定制、订阅等形式获取自己最想获取的新闻，真正体现了传播的人性化和个性化。

手机报是具有代表性的手机新闻类型。手机报新闻要求开门见山、以题概文、短小精悍。在手机新闻内容的选择上要既要关注重要的宏观事件，也要注意选择贴近民生的事件，切合读者的关注点。手机报要求在有限的屏幕空间为读者提供尽可能多的信息，这就要打破传统的单稿编辑模式，采用多稿综合的方法编辑新闻。手机报的单条新闻很多都是多篇稿件综合成的复合稿，稿件综合在手机报编辑过程中运用十分广泛。针对热点事件，手机报简短的新闻内容往往不能满足读者的需求，因此，可以利用链接等形式帮助受众集合相关新闻，保证读者的阅读需求得到满足。

随着移动互联网技术的发展，手机新闻 App 已经成为人们接收信息的重要来源之一。方便快捷的移动终端，将受众碎片化的时间转变为信息接收时间。网易新闻、腾讯新闻、搜狐新闻等都推出了手机客户端，抢占移动信息受众。手机新闻移动客户端呈现出以下几个方面的特点：①资讯信息量大、信息形式丰富多样，大多包含各大媒体报刊的精彩栏目订阅，同时可以通过文字、图片、视频等多种形式接收信息。②个性化定制，受众个人中心实现数据云同步，你可以订阅自己喜欢的频道，随时了解自己行业的最新资讯。③易于保存，受众可以根据自己的喜好和需求将新闻、图片进行收藏和保存。④新闻推送和离线阅读提升阅读的便捷性。大多数手机新闻 App 都设置有推送功能，可以根据用户的定制实现短信提醒，让受众及时了解最新的信息。此外，目前资讯类 App 支持离线阅读的大概有 30%，读者可以在有 WIFI 的地方预先把自己订阅频道的信息离线下载，不仅省了流量，更能随时随地方便浏览。⑤互动性强，受众可以通过回复、评论和聊天室等途径及时对新闻信息进行反馈，并能与其他受众进行实时互动。

【实训内容】

步骤一　编写手机报

1. 根据当天各大媒体的新闻信息挑选出适合手机报传播的新闻事件。
2. 将已挑选的新闻事件进行排序。
3. 将已挑选的新闻信息改写成手机报新闻。
4. 为有需要的新闻信息设置图片、链接等附加内容。

步骤二　手机新闻 App 策划

1. 分析与评价现有手机新闻 APP，见图 2－71 至图 2－74。

图 2－71　网易新闻

图 2－72　腾讯新闻

图 2－73　鲜果联播

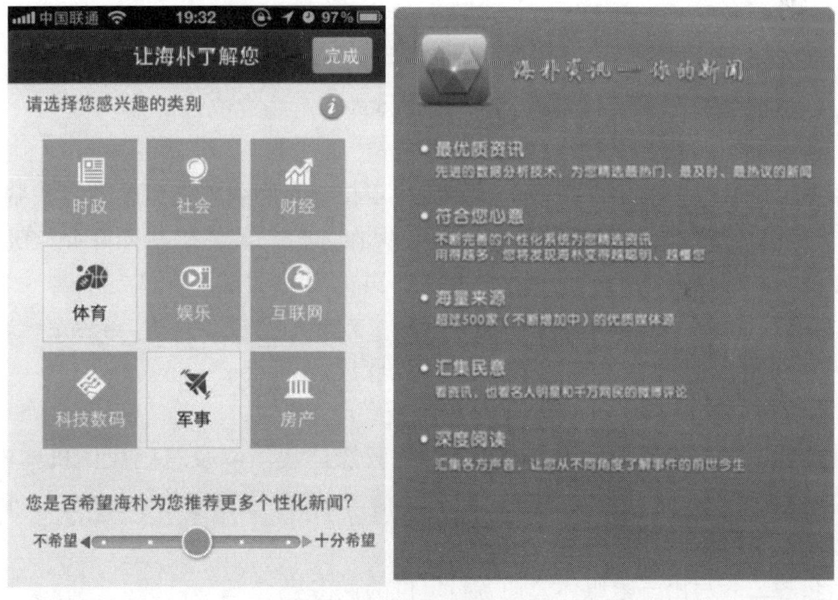

图 2－74　海扑

2. 策划一款手机新闻 App。

(1)为一款手机新闻 App 进行栏目策划；

(2)为一款手机新闻 App 进行功能策划；

(3)为一款手机新闻 App 进行版面设计。

第三章　媒体经营管理策划实训

在媒体策划中,中观层面的媒介经营管理策划较为多见。对媒体进行内在和外在形象的创意与策划,开展媒介营销活动策划,对媒体团队的组织架构及其管理进行设计等,都属于媒介经营管理策划范畴。对于传播学专业媒介经营与管理方向的人才培养来说,在学习中通过特别的教学设计,设置拟真环境,进行有目的的相关策划实训,对专业人才培养将大有裨益。

第一节　媒体市场策划

实训一　媒体定位策划

【实训目的】了解媒体定位,为一家媒体进行市场定位分析。

【实训原理】市场营销学中的“市场定位”理论强调“消费者导向”原则,认为企业定位取决于两个方面:第一,如何将定位信息有效传达到消费者头脑中;第二,定位是否与消费者的需要相吻合。但作为信息载体的新闻媒介,在满足媒介消费者信息需求的同时,还有重要的舆论引导功能。媒体定位是一个体系,包括媒体的角色、受众、内容及竞争四个方面的定位。其中,角色定位是根本,受众定位是核心,内容定位是关键,竞争定位是标准。

【实训内容】

步骤一　分别选取国有媒体集团、民营媒体集团以及跨国媒体机构各一家,根据媒体现在建设与发展方面的实际情况,进行角色定位、受众定位、内容定位及竞争定位的详细分析。

步骤二　写出三家媒体公司各自定位的优劣势。

步骤三　进行三家媒体定位的对比分析并撰写分析报告。

步骤四　结合当下的政治、社会与文化形势,以及经济环境、媒体行业竞争环境变化,对三家媒体提出定位调整建议,并形成方案。

实训二　媒体受众定位策划

【实训目的】进行媒体受众定位分析训练,为一家媒体进行受众细分。

【实训原理】找到媒体所生产信息内容的受众群体，以帮助媒体进行产品和市场决策。进行媒体产品市场需求分析，就是在将人口、购买力、购买意愿三个要素结合在一起深入分析后，为媒体的产品生产找准对象，确定最适合自己的目标受众，实现最大的社会和经济效益。

【实训内容】

步骤一　对学校所在城市包括地理区域、城市规模、交通运输条件、通信条件等在内的地理环境，包括人口数量、人口密度、年龄结构、性别比例、收入状况、职业结构、文化程度、家庭大小、社会阶层等在内的人口状况，包括生活方式、价值观念、利益追求在内的受众兴趣，包括媒体购买和媒体信息接收的习惯、频率及对相关媒介的信任度在内的受众受传行为等进行分析。

步骤二　分别采用“综合变数细分法”——根据影响受众需求的两种或两种以上的因素为标准，以及“系列变数细分法”——根据影响受众需求的层次系列，对所在城市影响较大的一家全国性媒体进行受众细分。

步骤三　结合受众细分情况，试对这家城市媒体的受众情况、目标市场占据情况，以及成本投入与效益产出情况进行分析，并撰写分析报告。

步骤四　针对这家媒体现在的受众定位情况，提交媒体受众定位整改方案。

第二节　媒体形象策划

实训一　媒体内在形象——媒体组织理念形象(MI)策划

【实训目的】了解媒体形象策划定义和工作步骤，进行媒体内在理念形象(MI)策划实践。

【实训原理】根据产生社会影响与经济效益的要求，媒体需要通过经营管理活动，在社会和市场中形成对自身形象的辨识度与认知度。媒体形象分为媒体内在形象和外在形象，内在形象指的是透过媒体目标、经营理念、人员素质、企业文化及精神内涵等留在大众心目中的媒体印象，可通过策划、设计加以建设。MI，即理念识别系统，是媒体对当前和未来一个时期的运营目标与思想、营销方法和形态的总体规划和界定，主要包括：媒体企业精神、价值观、发展宗旨、经营方针、市场定位、产业构成、组织体制、社会责任和发展规划等。

【实训内容】

步骤一　选择一家媒体，进行实地走访、市场调研，主要收集以下几个方面

的信息和资料:

1. 媒体经营与管理的历史与现状。
2. 媒体在行业的认知度和影响度。
3. 媒体产品情况与市场状况。
4. 媒体发展的站位与目标。
5. 媒体组织架构和人员规模、结构情况。
6. 员工的精神状态和对媒体认同的情况。
7. 媒体管理人员与员工希望媒体实现的理想状态。

步骤二 对收集到的以上信息数据进行分析,找到这家媒体在理念、运营、组织团队、企业文化等方面存在的问题。

步骤三 根据社会文化和行业发展的环境要求,结合媒体自身要求和条件,针对性地确立:①媒体发展宗旨;②媒体运营理念;③经营方针;④团队价值观。

步骤四 提炼媒体组织的精神以及文化,设定媒体组织发展目标和组织架构等。

步骤五 提交关于这家媒体的理念形象策划报告。

实训二 媒体内在形象——媒体组织行为形象(BI)策划

【实训目的】了解并进行媒体组织行为形象(BI)的策划与设计实践。

【实训原理】BI是媒体组织在内部协调、对外交往中的规范性准则体系,反映媒体组织的经营理念和价值取向,具体体现在媒体组织每个成员的日常行为中。媒体组织行为策划分为内部行为策划和外部市场行为策划两部分。

【实训内容】

步骤一 基于上述理念,对实行行为形象策划的媒体进行走访、调研,收集目标媒介组织所有部门及其员工内部、外部工作行为的规章制度、行为准则。

步骤二 结合媒体组织已经确立的组织理念,对调研信息与资料进行分析、研究。

步骤三 综合传播学、经济学、管理学和策划学理论,进行媒体组织行为形象的定位、策划。

步骤四 制定媒体组织的《员工手册》,进行媒体组织相关工作流程、标准与规章制度的策划和制定。

1. 员工内部行为准则,包括员工选聘、考评行为、培训、奖惩、岗位行为,以及领导行为、决策行为、沟通行为等工作制度。

2. 外部行为准则，包括创新行为、交易行为、谈判行为、履约行为、竞争行为、服务行为、广告行为、推销行为、公关行为等工作制度。

实训三　媒体外部形象——视觉形象（VI）策划

【实训目的】了解媒体视觉形象策划的定义和工作步骤，进行媒体视觉形象（VI）策划实践。

【实训原理】将媒体企业已经策划、生成的 MI、CI 体系非可视内容，设计、转化为静态、可识别、科学的视觉符号系统，以实现企业形象的传播和扩大其影响。VI 包括基础和应用两部分。基于企业文化、经营理念、企业宗旨、目标提炼出来的标志（LOGO）为最重要部分，其他还有办公用品、企业外部建筑环境、企业内部建筑环境、交通工具、服装服饰、广告媒体、产品包装、公务礼品、陈列展示和印刷品等系列化形象图形等。

【实训内容】

步骤一　学习、掌握商标、标准颜色、标准字等以及视觉形象基本要素的系统知识和理论。

步骤二　班级同学分组，选定一到两家媒体企业进行走访、调研，了解公司的企业文化、经营理念、企业宗旨、发展目标等。

步骤三　小组同学进行头脑风暴，讨论、选择、确定要采用的标准色、标准字、图形及其他视觉要素。

步骤四　为每家企业设计四款方案的企业标志。

步骤五　以小组为一个团队，到相对应企业进行提案。

步骤六　在企业标志方案确定后，针对企业办公用品，包括信封、信纸、便笺、名片、徽章、工作证、请柬、文件夹、介绍信、账票、备忘录、资料袋等的系列进行设计练习。

步骤七　根据企业要求，进行其他类型的 VI 系列设计。

步骤八　联系企业进行 VI 系列提案。

实训四　媒体形象——品牌策划

【实训目的】学习、掌握媒体组织品牌策划运作的思路、过程与环节。

【实训原理】在企业准确定位并开展理念形象、行为形象和视觉形象系列设计的基础上，围绕媒体及其内容产品的品质形象、广告形象、社会形象等加以建设、管理、维护和推广,以期形成媒体品牌的市场竞争力、社会影响力和组织发展力。

【实训内容】

步骤一 以项目组为单位,以学校现有媒体为对象,分析这个媒体当前建设和发展中的竞争对手是什么,能为师生受众提供什么服务,其优势和劣势是什么。

步骤二 分析这个媒体现有的硬件、软件资源,对比其他学校的媒体,在同学中进行问卷调查,分析校媒建设特色、环境、受众和特有传播策略等,摸清媒体的发展情况。

步骤三 策划、设计完成该媒体品牌的各个部分,包括品牌名称、品牌说明、品牌口号、品牌图案表述以及品牌故事。

步骤四 进行品牌传播策划和运作,通过头脑风暴和小组讨论,确立品牌传播目标和战略;编写媒体营销传播方案;制订品牌传播执行方案。

步骤五 按照既定方案,进一步落实为工作计划,实地开展对该媒体的品牌策划、传播实践项目的实施与运作。

第三节 媒介活动策划与运作

实训一 项目接洽策划与运作

【实训目的】以具体媒介营销活动为中介,培养学生项目洽谈及人际沟通、协调等能力。

【实训内容】

步骤一 在确立媒体具体营销活动项目内容的基础上,组成项目小组,准备与项目所涉及的合作方进行初步接触

注意:第一,需要准备项目组及所在单位的相关资料,注意重点凝练、说明团队的优势,以及以往在目标项目方面的工作经验;第二,需要对项目规模、场地及可操作性有清晰了解;第三,需要了解合作单位关键人物、组织机构、合作意向和资金条件等。

步骤二 进行细节洽谈

注意:一方面准备好资源及案例介绍 PPT,以及项目初步策划方案框架,其中包括活动主体、形式、主要内容建议、执行流程安排、大体预算等;另一方面需要与合作方讨论策划案，获取客户对活动的具体要求和意见，了解项目的着重点和难点，以及客户的倾向性。

步骤三　进行项目汇报

注意：一要随时根据客户意见修改策划案，包括策划执行方案、宣传策划案、详细预算等；二要准备汇报用投影仪、手提电脑、方案 PPT 及文档等；三要将策划文案打印、装订成册；四要做好汇报流程，包括开场人员、主要讲述人员、答疑人员的安排。

实训二　会议策划与运作

【实训目的】通过会议流程的准备与运作，培养学生在媒体会议方面的策划、组织能力。

【实训内容】

步骤一　会议前的准备

1. 组成项目小组。
2. 明确会议目的、时间、地点、参加人员。
3. 准备好会议议程、工作方案、具体流程与预案。
4. 将会议议事日程和会议所用相关文件在与会人中间传阅。
5. 准备会议其他资料，包括邀请相关领导、新闻媒体、新闻通稿、接待资料、会议配套的商务服务及公关礼仪、翻译、通信及文秘服务等。
6. 列出会议物料清单，并保证有专人检查、核对。
7. 保证会议通知到每一位参与人员。
8. 会场布置，安排好来宾座次，实地走场。
9. 确保仪器设备等能够正常使用。
10. 安排好停车位和贵宾室。

步骤二　会议中的准备

1. 签到，接待来宾并专人引导座次。
2. 分发会议资料。
3. 专人负责现场会务服务。
4. 安排好与会人员的吃、住、行。
5. 确认并保障会议期间会场的安全工作。
6. 协调会议期间交通工具的安排。
7. 做好会议记录，包括文字、图片、视频、直播（转播）等。

步骤三　会议后的准备

1. 印刷并发放代表通讯录、会议合影。

2. 会场物料回收。

3. 做好会议资料、领导讲话、代表发言稿、新闻报道资料的汇总。

4. 做好会务服务的总结、评估、会议代表的意见反馈及处理工作。

5. 做好媒体宣传。

6. 会议费用结算。

7. 欢送与会代表。

图3－1为首都经济贸易大学学生参与组织的“北京城市发展与文化创新论坛”。

图3－1　首都经济贸易大学学生参与、组织一年一度“北京城市发展与文化创新论坛”

实训三　媒介综合活动策划及运作

【实训目的】以一场影视展映活动为内容，训练学生媒介综合实践活动的策划与运作能力。

【实训原理】“以任务为主线，教师为主导，学生为主体”，本实训活动采用“任务驱动”的教学模式，即在教师带领、问题动机的驱动下，以及检验实践和感悟问题情境中，学生围绕共同的任务活动中心，通过对学习资源的积极主动应用进行自主探索和互动协作的学习。实训基本环节包括：创设情境、确定任务、自主学习和写作学习、效果评价。

【实训内容】

步骤一　以 40 天时间为限，准备好影视展映作品，确定展映活动的目标、范围、主题，教师进行活动动员。

步骤二　根据展映活动所需人员配置要求，以 5 人左右为宜，每班学生分成 5 个组，并选定组长。其中，行政管理组——负责展映活动的人员调配和整体运作；策划组——负责展映活动方案和预算方案的策划、准备；项目组——负责展映内容、形式等的准备和确认，及其现场活动的组织和运作；宣传组——负责展映活动的宣传方案策划、宣传物料的准备；后勤组——负责展映活动所需物料的采买、现场准备和物料回收。

步骤三　第一周，由行政管理组负责协调、管理、推进，首先由策划组完成展映活动方案的拟定，提交班级全体同学讨论。

步骤四　第二周，展映活动方案完善、确认后，行政管理组进行展映活动执行方案的制定；策划组进行预算方案的制定；项目组基于展映活动执行方案，进行活动具体内容、形式和现场相关产品物料的准备；宣传组进行宣传方案的策划与宣传物料的制作和准备；后勤组进行展映活动物料清单的准备与采买。

步骤五　第三至第四周，按照行政管理组的工作方案，由行政管理组协调、推动，全班在 5 个组的合作、协同、互动中完成、推动展映前期项目、宣传等活动，保证人、财、物匹配、到位，相关准备工作全部完成。

步骤六　第五周，举行面向全校的影视展映活动。

步骤七　第六周，以小组为单位，以 PPT 形式进行项目的复盘、总结、汇报，并进行实践考核。

图 3－2 至图 3－5 为首都经济贸易大学（以下简称“首经贸”）传播系学生的部分作品和参与的活动。

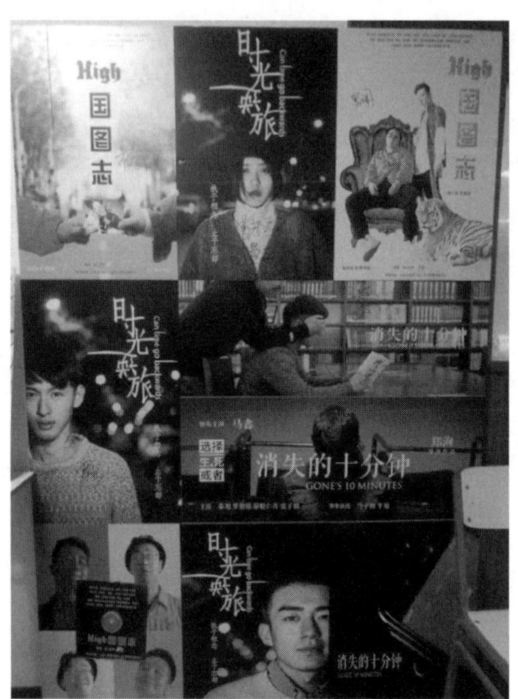

图 3－2　首经贸 2015 级传播系学生举办微电影首映礼部分作品海报

图 3－3　首经贸 2015 级传播(3)班举办“春旅”微电影首映礼现场外

图 3－4　首经贸 2014 级传播（3）班微电影首映礼

图 3－5　首经贸文化与传播学院学生举办的综合实践活动“金驼微影视节”

下篇　广告策划与创意

第四章　广告策划与广告创意

一、广告策划与广告创意概述

（一）广告策划

广告是指在广告调查的基础上围绕市场目标的实现，制定系统的广告策略、创意表现以及实施方案的过程。宏观意义上的广告策划是指在一个广告目标统揽下的系统的广告策划活动。微观意义上的广告策划是指单项的广告策划活动，如对广告诉求主题的策划、对广告媒体策略的策划等。

广告策划在广告活动中具有四个方面的重要作用。第一，广告策划对广告活动的战略指导作用。现代企业的广告活动往往是一个长期的、系统的行为，周密的广告策划能保障企业各个时期、各单项广告活动的一致性和连续性。第二，广告策划的计划作用。严谨的广告策划详细规定了广告活动的时间、方法和操作细节，避免了广告活动的盲目性。第三，广告活动的进程制约作用。精确的广告策划对广告活动的每个环节都制定了活动目标和效果监测安排，保证了广告活动的顺利进行。第四，广告策划的效果保障作用。在详细调研和充分论证基础上制订的广告策划有利于取得最佳广告效果和最佳经济效益。

（二）广告创意

广告创意是广告策划活动中的一个重要环节，是准确鲜明地表现广告主题的创造性思维活动，以及体现这种思维成果的艺术构思。具体来说，平面广告创意就是要完成广告文案、图案设计方案及布局小样；广播广告的创意要完成广播广告创意脚本；影视广告的创意要完成影视广告创意脚本。

广告创意在广告活动中具有四个方面的作用：第一，为广告主题寻找一个最佳的表现形式。由于广告主题是诉求消费者的关键，所以广告创意是广告策划的关键环节。第二，让广告能够引起消费者的关注。第三，让广告内容在消费者脑子里留下深刻的印象；第四，让消费者在获取广告信息的同时有美好的视听感受。

二、广告策划与创意的经典理论

广告是一项实践性极强的社会活动，是对市场调研、战略规划、方案策划、创意表现到媒体策划与发布等一系列过程的整合。广告的许多理论都是对实践经验的总结,广告策划与创意的经典理论也均是在营销过程中对实践经验的总结与抽绎。而随着实践活动的不断深入,这些理论也在扬弃与发展中不断向前推进。

(一)“与生俱来的戏剧性”理论

“与生俱来的戏剧性”理论源于李奥·贝纳对广告创意的理解。

“你能不能听到它们在锅里滋滋地响?”这是李奥·贝纳为美国肉类研究所芝加哥总部做的“肉”广告文案中的第一句话。这则经典的全版广告在红色的背景下,让两块鲜嫩的牛排占据了画面的主要部分。画面上方有一个词构成主标题——肉(MEAT),副标题是“使你吸收所需的蛋白质成为一种乐趣”。广告正文简练地阐述道:“你能不能听到它们在锅里滋滋地响?——是那么好吃,那么丰富的 B_1,那么合适的蛋白质。这类蛋白质对正在长大的孩子,能帮助其发育;对成年人,能再造你的健康。像一切肉的蛋白质一样,它们合乎每一种蛋白质所需的标准。”广告口号为“美国最高级牛排”。

李奥·贝纳认为,这就是“与生俱来的戏剧性”。在他看来,每一件商品都有戏剧性的一面,广告就是要替商品发掘出以上具有戏剧性的特点,找出商品能够使人们发生兴趣的魔力,然后加以利用。他声称其基本观念之一,就是每一件商品皆有“与生俱来的戏剧性”。在这样的理论指导下,李奥·贝纳创造了许多经典的广告作品,其中《绿巨人豌豆》(*Green Giant*)、《月光下的收成》(*Harvested in the Moonlight*)让人印象深刻(如图 4-1 所示)。

图 4-1　经典广告作品《月光下的收成》

“无论是白天还是夜晚,绿巨人豌豆总是用最短的时间选取妥,风味绝佳。……从收获到装罐不会超过3小时。”

对于这一则广告,李奥·贝纳不仅找到产品最能发生魔力的特点“新鲜”,还正如他所说:“如果用‘新鲜罐装’作标题简直是容易极了,但是用‘月光下的收成’则兼具新闻价值与浪漫情调。它包含着某种关切,这在罐装豌豆广告中是难得一见的妙句。”

(二)USP理论

罗瑟·瑞夫斯的USP理论(Unique Selling Proposition),强调的是广告要有“独特的销售说辞”。USP理论可以看成是“与生俱来的戏剧性”广告理念的延续和扩展,它强调:①一个广告必须要具有一个明确的说辞。②这个说辞必须是独一无二的。这里的“独一无二”包含两方面的可能性:如果本产品包含别人没有的特征是独一无二;如果本产品与其他产品同时具备某些特征,而其他产品的广告中没有说明的,也是独一无二的。③这个说辞要能够促进销售。

相比“与生俱来的戏剧性”理论,USP理论开始具备“竞争”的意识,广告中体现的“独一无二的说辞”,就是在竞争中为促进自身产品的销售而服务的。与此同时,这种“独一无二的说辞”既可以是产品本身所包含的(例如外形、功能、效用等),也可以是消费者使用产品的感觉和体验,拓展了广告所能运用的素材范围。

罗瑟·瑞夫斯运用这一理论创作了经典的M&M巧克力广告。1954年,美国玛氏公司新开发的巧克力豆销量不佳,于是找到罗瑟·瑞夫斯,希望他能构想出一个与众不同的广告,从而打开销路。罗瑟·瑞夫斯分析后认为,这是当时美国唯一用糖衣包裹的巧克力,于是用“只溶于口,不溶于手”来描述产品独有的特点。其电视广告画面同样简单明了,画面中有一只干净的手和一只被巧克力弄脏的手,画外音说“哪只手里有M&M巧克力豆?不是这只脏手,因为M&M巧克力豆,只溶于口,不溶于手”。M&M巧克力豆因此名声大震,销量大增,而这则广告也长久地留在了人们的记忆里。

(三)品牌形象论

20世纪60年代,随着经济的发展,同类产品的种类不断增多,产品差异日趋缩减,同质化程度进一步加深,这使得以产品自身的特征作为诉求内容的广告越来越难以实行。在这样的条件下,大卫·奥格威(David Ogilvy)在20世纪60年代中期提出品牌形象论(Brand Image)的创意观念,成为广告创意策略理论中的一个重要流派。

大卫·奥格威认为品牌形象不是产品固有的,而是消费者联系产品的质量、价格、历史等形成的一种感觉、印象和观念。每一则广告都应是对这种感觉、印象和观念的建构,从而通过对整个品牌的长期形象投资,形成消费者对产品和品牌稳固的消费行为。根据品牌形象的理论,消费者购买的不只是产品,还购买承诺的物质和心理的利益,而这往往在购买决策中比产品实际拥有的物质上的属性更为重要。

相比"与生俱来的戏剧性"理论和 USP 理论,品牌形象论超越了产品的物质层面而进入了精神层面,许多看似与产品和品牌无关的事物可以通过赋予其精神和文化内涵,使它们与产品之间形成一种必然的联结。这突破了广告创作过程中的瓶颈,使许多产品和品牌在践行品牌形象论的过程中形成了大量经典的形象和著名的品牌。

运用品牌形象论最为成功的案例之一是万宝路香烟。在万宝路创业的早期,万宝路的定位是女士烟,消费者绝大多数是女性。其广告口号是:像五月天气一样温和。可是,事与愿违,尽管当时美国吸烟人数年年都在上升,但万宝路香烟的销路却始终平平。女士们抱怨香烟的白色烟嘴会染上她们鲜红的口红,很不雅观。于是,莫里斯公司把烟嘴换成红色。可是这一切都没有能够挽回万宝路女士香烟的命运。莫里斯公司终于在 20 世纪 40 年代初停止生产万宝路香烟。第二次世界大战后,美国吸烟人数继续增多,万宝路把最新问世的过滤嘴香烟重新搬回女士香烟市场并推出三个系列,然而销路仍然不佳,吸烟者中很少有人抽万宝路的,甚至知道这个牌子的人也极为有限。后来莫里斯公司找到了当时非常著名的营销策划人李奥·贝纳。在对香烟市场进行深入的分析和深思熟虑之后,李奥·贝纳对万宝路进行了全新的"变性手术",大胆向莫里斯公司提出:将万宝路香烟改变定位为男子汉香烟,变淡烟为重口味香烟,并大胆改造万宝路形象。广告上的重大改变是:万宝路香烟广告不再以妇女为主要诉求对象,广告中一再强调万宝路香烟的男子汉气概,以浑身散发粗犷、豪迈、英雄气概的美国西部牛仔为品牌形象,吸引所有喜爱、欣赏和追求这种气概的消费者,如图 4-2 所示。这是迄今为止最为成功的营销策划,彻底改变了莫里斯公司的命运。今天万宝路已经成为全球仅次于可口可乐的第二大品牌,其品牌价值高达 500 亿美元。

(四)定位理论

定位理论(Positioning)是由艾·里斯和杰克·特劳特在 20 世纪 70 年代提出的,用以表述一种营销思想,即"品牌就是某个品类的代表或者说是代表某个

图 4 –2　万宝路香烟广告

品类的名字。建立品牌就是要实现品牌对某个品类的主导,成为某个品类的第一。当消费者一想到要消费某个品类时,立即想到这个品牌,我们就说你真正建立了品牌。”

定位理论以“品牌形象”作为基础,以“竞争”作为营销环境,强调一种“先入为主”的形象策略的实施,其经典的代表作也大多是竞争型的广告。例如,美国艾维斯租车公司广告,针对美国租车行业排名第一的赫兹公司,以“艾维斯只是排名第二(Avis is only No. 2),但我们将更加努力(we try harder)”的逆向定位形成了一种引人好感的品牌形象,并据此在消费者心目中占据了一席之地。而百事可乐通过将自身定位为“年轻一代的可乐”,才有机会打破可口可乐的垄断地位,成为与可口可乐并驾齐驱的可乐品牌。

定位理论摆脱了对产品、品牌特征的刻板挖掘,而是针对目标对象开展一系列的“攻心策略”,以便在消费者心目中确定一个合理的位置。随着市场营销理论的发展,人们对市场定位理论有了更深的认识。菲利普 · 科特勒对市场定位的定义是:所谓市场定位,就是对公司的产品进行设计,从而使其能在目标顾客心目中占有一个独特的、有价值的位置的行动。市场定位的实质是使本企业和其他企业严格区分开来,并且通过市场定位使顾客明显地感觉和认知到这种差别,从而在顾客心目中留下特殊的印象。市场定位的目的在于影响顾客的认知心理,增强企业及其产品的竞争力,扩大产品的知名度,增加产品的销售量,从而提高企业的经济效益。

三、广告策划与创意的实务工作程序

广告策划是一项具有科学性、系统性的工作,必须在市场调查的基础上按照逻辑程序逐步推进。广告公司在进行广告策划时,一般按照以下主要步骤进行广告策划工作。

(一)广告市场调查与分析

广告市场调查是广告策划的起点和基础,只有充分掌握产品、消费者需求、市场、竞争对手的信息,才能有针对性地制定广告目标和广告策略。广告调查与分析的内容主要有以下四个方面。

1. 市场营销环境调查与分析。主要调查掌握广告目标市场地区的政治、经济、法律环境,当地的社会人口构成情况,当地的市场概况,当地的社会文化和风土人情。

2. 广告产品的调查与分析。主要进行:广告产品特征的调查,了解广告产品的性能、价格、外观等方面的情况;广告产品的市场定位调查,了解广告产品同其他同类产品相比较所具有的差异性优势;广告产品的品牌形象调查,了解广告产品在消费者中的认知度和知名度情况;广告产品的生命周期阶段调查,了解广告产品目前处于导入期、成长期、成熟期、衰退期中的哪一个具体阶段。

3. 消费者调查与分析。主要进行:广告产品目标消费者调查,了解广告产品的消费者构成情况;广告产品的消费需求调查,了解广告产品的消费需求构成以及发展趋势方面的情况;广告产品在消费者中的认知情况调查,了解消费者对广告产品的态度。

4. 竞争对手的调查与分析。主要进行:竞争对手产品调查,了解竞争对手产品的基本情况及其市场地位;进行竞争对手广告调查,了解竞争对手广告目标、广告策略和广告媒体使用的情况。

(二)广告目标的策划

广告目标是广告活动所要达到的预期目的。广告策划根据企业的营销目标结合市场调查取得的市场信息对广告活动的目标进行论证确认。常见的广告目标主要有:

1. 促销广告目标。这是指以提高产品销售额、利润额、市场占有率为广告活动目的的广告目标。

2. 品牌形象广告目标。这是指以营造产品品牌形象、企业形象为广告活动目的的广告目标。

3. 广告传播目标。这是指以影响广告受众心理活动,提升广告信息视听率、阅读率以及提高受众注意、理解、记忆、反应程度为广告目的的广告目标。

(三)广告主题的策划

广告主题是广告的中心思想,是为实现广告目标而确定的广告诉求焦点。

广告主题的策划必须从广告目标出发，将广告产品的特性与消费者需求恰当结合，经过多个广告主题方案的比较论证，最终确定一个最有利于劝服消费者的广告主题。常用的广告主题有：

1. 围绕广告产品特征确定的广告主题。可以将宣传广告产品的产地、性能、质量、价格、使用效果以及广告产品的美誉度、文化情调作为广告的主题。

2. 围绕企业特征确定的广告主题。可以将宣传企业的历史、经济实力、企业荣誉作为广告的主题；还可以将企业精神纳入广告主题。

3. 围绕消费者需求确定的广告主题。可以针对不同的消费者群体、不同的消费需求目的确定广告主题。

4. 围绕消费者的心理需求确定的广告主题。可以选择时尚、浪漫、地位、亲情、怀旧等概念确定广告主题。

（四）广告策略的策划

广告策略是指为实现广告目标而采取的手段和方法。广告策略的内容主要有：

1. 目标市场广告策略。目标市场策略就是广告策划者运用市场细分的方法确定广告产品的目标消费者，然后根据目标消费者的消费需求特点进行有针对性的广告诉求宣传。

2. 产品定位广告策略。产品定位广告策略就是通过广告市场的调查分析，找出广告产品与其他同类产品的差异性优势，围绕产品的特色定位进行广告宣传。常见的广告定位策略有产品质量定位策略、产品性能定位策略、产品价格定位策略、产品造型定位策略等。

3. 产品生命周期广告策略。任何一种产品都有一个从进入市场到最终退出市场的生命周期。产品生命周期分为四个阶段：导入期、成长期、成熟期和衰退期。在不同的产品生命周期阶段，广告的目标不一样，广告诉求的重点也不一样。产品生命周期策略就是根据产品的特定生命周期阶段制定相应的广告策略。

4. 广告心理策略。广告诉求实质上是一种心理活动，它通过信息传递作用于消费者的心理，引发消费者的兴趣，使他们产生购买欲望，形成消费行为。广告心理策略就是通过特定的手段和方法让消费者关注广告，深刻地记忆广告诉求点，巧妙地劝服消费者购买广告产品。

5. 广告区域策略。广告产品在不同的地区销售有不同的广告宣传侧重点。广告区域策略就是根据不同地区的经济发展状态、市场概况、消费特点以及文化特色进行有针对性的广告宣传。

(五)广告创意策划

广告创意是广告策略的组成部分,是广告的表现策略。广告创意的任务就是从广告目标出发,综合考虑确定的广告策略,为广告主题寻找最佳的表现形式。

1. 报纸广告的创意。报纸广告创意就是要完成包括广告文案、插图在内的广告布局小样。广告文案创意应本着语言简明、主题突出的原则做好广告标题、广告信息正文、广告口号等方面的文章。报纸广告的文字形式应根据广告内容采用印刷体、手写体、艺术体等各种字体形式。插图创意主要有摄影图片、绘画、卡通漫画、图示等形式,插图可采用写实、象征、夸张、寓意、悬念等手法。

2. 杂志广告创意。杂志广告创意与报纸广告都属于平面广告创意,有许多共同点,但杂志广告更注重色彩、画面和编排方面的创意。色彩创意主要表现在色彩的选择和色彩的搭配上;画面创意主要是意境的营造和广告诉求要素的创作;编排的创意主要是画面布局的方法,常见的有分割法、对比法、中央配图法、对角线法等。

3. 广播广告的创意。广播广告创意的任务是完成广播广告创意脚本。广播广告创意要充分运用语言、音乐、音响三个要素;广播广告脚本可采用单一式或复合式的文稿结构;广播广告创意可采用反复、押韵、设问、对仗、照应、配音、配乐等方法。

4. 电视广告的创意。电视广告创意的任务就是完成电视广告创意脚本。电视广告创意要充分运用语言、文字、图像、音乐、音响五个要素;电视广告创意脚本有文字说明广告脚本和电视广告分镜头分列式脚本两种形式;电视广告创意可采用新闻式、明星代言式、生活式、情节时、歌唱式等多种形式。

(六)广告媒体的策划

广告媒体主要有报纸、杂志、广播、电视、户外、网络等形式,此外还有形形色色的广告媒介形式。广告媒体策划就是根据广告策略以及广告创意的形式确定发布广告信息的广告媒体。广告媒体策划的步骤与内容主要有以下三个方面。

1. 广告媒体的调查。了解广告发布地区媒体的传播能量,如电波媒体的收视率、收听率,报刊媒体的发行量;了解媒体的受众构成;了解社会公众对媒体的评价与看法。

2. 确定广告媒体。广告媒体的选择根据广告策略可以按照传播对象选择相应的媒体；可以按照广告信息传播的区域选择媒体；可以按照广告发布的时间选择媒体；还可以按照广告创意的类型选择媒体。

3. 确定广告媒体组合方案。同时采用两个以上的媒体发布广告信息称媒体组合。运用多种媒体发布广告有利于广告信息互补，有利于形成广告声势。媒体组合可以采用同类媒体的组合，也可以采用不同类型媒体的组合。

（七）制订广告活动计划

广告活动计划就是根据广告策略安排的各项广告宣传活动以及辅助活动的时间、活动内容的详细文字方案。广告活动计划还应列出相应的计划表，如广告媒体计划表、广告费用计划表、广告活动日程表等。

四、广告策划与创意者应具备的知识与能力

从事广告策划创意工作必须具备复合型的知识结构、特殊的思维方法和专业的实操能力。学习广告专业的大学生，在校学习期间应努力学习和培养广告策划创意工作所需的业务素质和能力。

（一）复合型知识

复合型的知识结构是指由两个以上的学科知识构成的知识结构。就广告策划创意所需的复合型知识来讲，主要应具备经济学、传播学和艺术学方面的知识。

1. 经济学知识。从事广告策划创意必须掌握的经济学知识主要有：市场理论，包括宏观市场理论和微观市场理论；企业理论，包括企业管理理论和市场营销理论；消费者理论，主要是消费行为学和消费心理学。

2. 传播学知识。从事广告策划创意必须具备的传播学知识主要有：传播学，主要学习信息传播的原理和基本规律；媒体学，主要学习报纸、杂志、广播、电视、网络等大众传媒的传播特性；新媒体知识，学习以数字技术为主导的新型媒体的传播方法和传播特性。

3. 艺术学知识。从事广告策划创意必须掌握的艺术学知识主要有：文学知识，主要学习中国诗词名篇、古典文学经典名篇和现代文学经典名篇；电影知识，观摩了解中外电影名作，学习电影的构图、配乐、剪辑等方面的原理和手法；音乐知识，聆听了解中外经典音乐，积累为广播广告和电视广告配乐的音乐素材；美术知识，观摩中外名画，学习为广告配图所必需的构图、造型、色彩等方面的知识。

（二）专业的实务操作能力

广告策划创意是一门应用性很强的课程，学生在学习中务必要强化广告实

务操作能力的实践训练,才能真正具备从事广告策划创意工作的能力。

1. 撰写广告文案的能力。广告文案包括广告策划书、广告计划、平面广告文字创意、电视广告脚本、广播广告脚本等。撰写广告文案应熟悉广告业内规范的文本样式,要有简明准确的文字写作素质和能够引人注目的修辞能力,要通过概括、选择、锤炼的方法让广告语言更具感染力,更有利于广告信息的有效传播。

2. 构思广告形象的能力。广告形象包括文字形象、视觉形象、声音形象。运用形象传递广告信息有利于受众接受和理解,有利于受众识别记忆。构思广告形象要有对市场、产品、消费者的深入切实的观察,要有大量广告素材和艺术素材的积累,要会运用联想、类比、模仿、组合等方法创造新鲜的广告形象。

3. 动手制作广告要素的能力。广告要素是构成一件完整广告作品的单项要件。平面广告的构成要素主要是文字(包括印刷体字、手写体字和艺术体字)、摄影插图、绘画插图、卡通插图;广播广告的构成要素主要是语言、音乐和音响;电视广告的构成要素主要是图像、语言、文字、音乐和音响。从事广告创意工作应努力掌握文字书写、摄影、摄像、绘画、音乐、音响以及艺术设计等专项中某一方面的特长。

广告策划创意的素质和能力培养一方面要靠课堂学习,更重要的一个方面是要积极参加专业实践活动。学生可通过实验教学、课外学习、参加全国大学生广告策划创意比赛等多种形式,不断提升自己的广告专业素质和实操能力。

第五章　广告策划与创意的思维方法

“鼓励创新、变革是我们生命创造的源泉，停滞是为我们鸣响的丧钟。”著名的广告大师大卫·奥格威曾这样解读创意在广告中的作用。创意是整个广告活动的灵魂，每一位广告人都渴望做出让客户满意、令受众叫绝的广告作品。然而创意的过程看似灵感闪现、妙手偶得，实则不无规律可循，创意能力可以通过一定的训练加以提升。创意依存于思维，认识并训练我们的思维，有助于我们掌握创意的途径与方法。本章以创意思维的规律性为逻辑起点，提供几种广告创意的思维方式和实训方法，帮助大家拓展创意思路，强化创意能力，提升创意质量。

思维是人脑对客观事物间接的、概括的反映，它能认识事物的本质和事物之间的内在联系，是一种相对持续性的脑部运动过程，具体包括形象思维、逻辑思维、发散思维、聚合思维、逆向思维等几大类。一般来说，在创意思维过程中，这几类思维形式会共同作用，相互激发，彼此之间可以相互转化和融合。例如，在广告整体战略和策略的运筹规划过程中，逻辑思维经常占主导地位，其他思维形式等之并存；而在广告设计和制作环节，形象思维占主导，并兼有其他思维形式。没有受过训练的大脑的思维过程常常是杂乱而无序的，广告策划人要理清各种思维形式和创意方法，以便有序进行创意思维活动。

一、思维的分类

（一）按照思维的参照物和解决问题的方式分类

按照思维的参照物和解决问题的方式，可以把思维分为动作思维、形象思维和逻辑思维。

1. 动作思维是凭借直接感知，伴随实际动作进行的思维活动。在诸多优秀的环境互动体验式广告作品中，动作思维是主要的创意思维方式。

2. 形象思维。形象思维又称“艺术思维”，是运用事物的具体形象、表象进行的思维活动，是平面广告中最常运用的思维方式。形象思维能够增加广告作品的感染力，使广告商业信息的传播更生动、形象，更富创造性。形象思维在广告创意中还可以起到强化产品定位、构思广告内容、安排广告形式、传达企业整体形象等作用。

3. 逻辑思维。逻辑思维又称抽象思维，是以概念、判断、推理的形式达到对事物的本质特性和内在联系认识的思维。目标受众特点分析、广告策略的制定等广告活动的重要环节都需要逻辑思维来主导。广告作为一种“说服的艺术”，其信息组成的逻辑性非常重要。在广告创作中，通常运用逻辑思维进行理性诉求，给消费者充分的、可信的产品购买理由。比如，在“乐百氏纯净水”上市之初，厂家就率先提出“27 层净化”的概念，对其纯净水的纯净度给出了一个有力的支持点，给消费者留下了“纯净可信赖”的印象。

（二）根据解决问题的思维方向分类

根据解决问题时的思维方向，可以把思维分为发散思维和聚合思维。

1. 发散思维。发散思维又称求异思维、辐射思维，是从一个问题出发，分别沿着不同的思维拓展路径寻求问题解决方案的思维，是创造性思维最主要的特点。虽然这些方案不可能每一个都正确、有效，但是尽可能多的解决方案却为随后的收敛思维提供了原料。运用发散思维可以使我们的头脑更加灵活，打破思维的定式，激荡出令人兴奋的创意灵感。

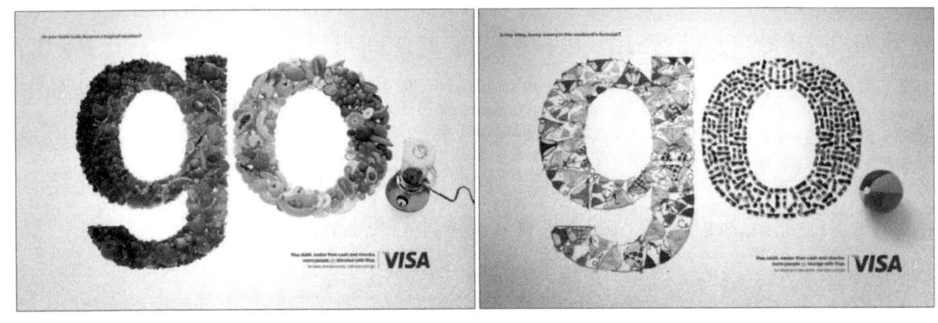

图 5－1　不同元素相同图形结构的广告

2. 聚合思维。聚合思维又称集中思维，是把问题所提供的各种信息集中起来得出一个最佳答案的思维方式。在广告活动中，聚合思维依赖于灵感或直觉。要运用聚合思维把发散思维得到的灵感信息进行整合、筛选，以制订出准确有效的创意执行方案。比如，我们可以将广告策略信息进一步整合，提炼出简洁、单纯的诉求点。它是广告策略的精髓，是广告成败的关键，这一广告活动过程就是由聚合思维主导来完成的。

（三）按照思维的进程方式分

按照思维的进程方式分，可以把思维分为顺向思维和逆向思维。

1. 顺向思维。顺向思维即根据人们已经获得的经验,按常规定向的思维。顺向思维是按照思维的顺序性、条理性的发展进行思考,例如从小到大、从上到下、从易到难等,具有普遍性,容易得到认同。同样,因为顺向思维具有普遍性,容易陷入思维定式,难以给人出其不意的印象。在广告中"叙事情节"的设计往往采用这种思维方式,使广告情节发展顺畅,让受众易于接受,起到对受众情绪、情感的引导作用。广播广告的创作常利用其有声无画的媒体特点,在开头处通过简单的语言引导消费者顺向思维,设置悬念,最后再揭开谜底,令人恍然大悟。

2. 逆向思维。逆向思维又称求异思维,是对司空见惯的事物或观点进行突破常规的思考和表述,是具有探索精神的一种思维方式。逆向思维充分发挥思维的主动性,让思维轨迹不沿固有模式发展,常常带有突破性和启发性,能够克服思维定式,破除由经验和习惯造成的思维僵化。运用逆向思维进行广告创意构思,往往能产生出奇制胜、令人惊喜的新思路、好想法。例如,美国一家奶粉生产商起初为起不出品牌名称而苦恼,营销策划人不停地念叨牛奶的英文单词"MILK",始终没有想到满意的名字。于是他们尝试颠倒过来念,发现"KLIM"这个名字还不错,于是一个享誉全球的牛奶品牌克宁(KLIM)就此诞生了。大众甲壳虫汽车的广告也曾从消费者认为是其短板的"车型小"出发,引导受众"想一想小的好处",并大获成功(见图5-2)。

图5-2　大众甲壳虫汽车广告

二、广告策划与创意的思维程序

创意是广告的灵魂，是在广告策划与制作过程中思维良性运作的结果。好创意的闪现要经历一个复杂的思维过程。这个过程大致可分为五个阶段。

（一）动机确认

面临一项广告任务，首先要确认的就是我们的任务动机，主要包括广告主的市场营销目标和广告目的。明确任务动机，我们的思维便开始预热，针对广告需要解决的问题，开始为下一步的相关信息搜集做好准备。

（二）信息搜集

信息搜集是广告策划与创意的准备阶段，也是思维运动由被动向主动的转化过程。围绕着广告要解决的问题我们开始广泛搜集相关信息，并以占主导的逻辑思维加以整理、归类和分析。需要收集的原始信息主要包括：市场状况、竞争者、营销计划、产品（服务）信息、广告主和消费者信息等。

（三）创意酝酿

这一阶段，我们就搜集的信息进行筛选，留下和任务动机最相关、对解决问题最为关键的信息。通过发散思维、逆向思维等方法对这些重要信息进行天马行空般的发散联想，再以聚合思维将诸多灵感集约整合，使之转换提炼为令客户耳目一新的广告策略或创意方案。此时我们还要与客户进行及广告创作小组内部人员进一步商议、不断完善，甚至激发出更具创意的新想法。

（四）创意甄选

创意闪现是令广告人和客户都为之振奋的一个阶段。通过前面三个思维阶段的步步深入，具体广告创意很可能不断闪现并延伸，我们将闪现的创意成果记录下来，并通过多种思维形式的共同配合使其呈现在具体的广告作品中，形成不同的广告创意方案。对形成的广告创意方案要与客户密切沟通，进行理性评估和甄选。要紧紧把握诉求的主线选择创意方案，有必要时还要进行大刀阔斧的修改。

（五）创意确认

在几轮的创意甄选和调整后，创意方案基本敲定，这一阶段要根据广告策划和市场策略对创意再次进行逻辑分析，对其应用于市场的效果、节奏、媒体选择、消费者行为等方面进行综合分析，并根据预判对创意去粗取精、调整确认，使广告作品日臻完善，从而准确有效地实现广告诉求和市场策略。

第六章 广告策划与创意实训

人们依照在生活中不断积累的经历和经验，形成一种特定的思维模式，指导和调整自己行为的心理倾向，以便能够快捷地解决问题、避免风险，这就在思维上形成了所谓的思维定式。思维定式可以使人们简化认知活动，尽快进入思维状态，节省思维成本。然而思维定式也会使思维固化、程式化、惯性化，缺少了创新性和灵活性。在广告创作中，思维定式往往禁锢着渴望灵感的广告人。克服固有经验对自己的干扰，主动打破思维定式，训练敏锐而不拘一格的思维品质，会帮助灵感的孕育和生成，会使很多创意问题迎刃而解。广告策划与创意的难点就在于要打破思维定式，这就要求我们要经常让思维保持活力，多变换思考的角度，摆脱常规，敢于尝试，积极创新。

第一，打破思维定式。思维定式是心理学上的一个概念，指人们在认识事物时，由常规心理活动所形成的某种思维准备状态，它会影响或限定之后同类思维活动的发展。在思维定式下形成的对经验的依赖会阻碍我们创新思维的进行，是我们创意突破的最大障碍。回顾一下你做过的广告作品，往往可以归纳为几类；再比较一下别人的作品，会发现每个人都有自己熟悉并常用的创意方法和思维方式。广告人提升创意水平，训练自己的思维方式，就要善于打破自己的思维习惯，在思考的每个环节保持头脑的鲜活。想象自己像儿童一样观察世界，偶尔天马行空一下，经常问几个为什么：它到底是个什么家伙？是不是还可以有别的方法？这样的训练会帮助我们重新认识我们熟悉的环境，可以让我们用不同的视角和语言观察和诠释事物。

第二，创意的深化。在创意酝酿阶段，随着思维轨迹的延伸，很多相关的概念会不断闪现，这时会形成许多的创意萌芽。不要轻易放弃每一个创意点，将它们记录下来并适当整理是一个非常好的习惯。将发散思维产生的小灵感通过聚合思维进行梳理和整合，经过再思考和加工，配以文案或图像，可使往往看上去不起眼的小创意呈现不一样的大效果。广告人要训练自己把握创意、深化创意的能力，善于甄别和粹选创意的关键要素，对创意进行加法或减法。创意的深化就像是三级跳远，每一次深化都是在前一次创意的基础上进行再创意。因此，在把握创意诉求的基础上要保持创意的简洁纯粹，避免创意过度，切忌创意诉求瞻前顾后、模糊不清或摇摆不定。

第三,拓展思维经验。优秀的广告人往往也是生活的艺术家,他们对身边的事物充满好奇,具有广阔的生活阅历和思维经验。因为厚积而薄发,厚重的生活积淀才能生长出茁壮的好创意,独到而透辟的创意一定来自最深邃的思想。对广告人来说,思维经验的丰富和拓展是永无止境的,这不仅要求我们有意识地关注并记录自身的思维经历和体验,尝试感受不同社会角色、生活角色甚至性别、年龄等的差异,运用各种方法训练自己的思维模式,更有必要去认识和鉴赏那些卓越超群的优秀广告作品,在与大师的思维经验的比较和碰撞中不断调整提高自己。对广告初学者而言,多欣赏戛纳广告节、纽约广告节、ONESHOW 广告节等各级各类广告赛事集锦,参加金犊奖、大学生广告节等广告赛事,参与国内各种广告论坛和活动等,可以使我们接触到最鲜活、最前沿的创意理念和思维,对指导创意实践和拓展思维经验是十分必要和有效的。

第一节　思维与创意训练

创意思维的训练方法有很多,以下介绍几种常用的方法。

实训一　头脑风暴法

【实训目的】围绕一个主题,在无拘无束的氛围里大家畅所欲言,踊跃提出创意,并互相启发,激发出创意的灵感。

【实训原理】头脑风暴法(Brain Storming)是由美国创造学家阿列克思·奥斯本于1939年首次提出,1953年正式发表的一种激发性思维方法。它是一种采用确认主题的会议讨论方式集思广益的方法。

【实训内容】

步骤一　准备阶段。选定基本议题,安排召集有关人员,一般为7~10人,其中记录员一名。参与人可以是同行专家,也可以是不同行业的相关人员。参与人的职务应当适当,领导不应当参加,各成员间无论级别高低都应同等对待。

步骤二　头脑风暴阶段。由主持人介绍讨论主题与相关的参考资料,鼓励参与者突破思维惯性,大胆进行联想。主持人应控制好时间,力争在有限的时间内获得尽可能多的创意性设想,这些设想是否真的可行并不重要。把每一种方案都写出来,以便每一个人都能看到;鼓励由他人的方案引出新的方案,勿对他人方案进行消极评价。记录员全程做好录音和记录。头脑风暴的时间不宜过长,一般不超过90分钟。

步骤三　评价选择阶段。将会议记录的信息整理、分类后展示给参与者,从效果和可行性进行评价,选择最佳方案,尽可能选择会议中激发出来的方案。

【注意事项】禁止批评、私下交流和会中评价;围绕议题追求方案提出的数量,越多越好;鼓励由他人方案激发新方案,鼓励方案的互补组合。

实训二　思维导图法

【实训目的】用科学的方法激发创意,引发并实现广告策划与创意的新突破。

【实训原理】思维导图是一种放射性思考的思维地图,由英国人托尼·巴赞始创,用于记忆、学习和思考,在世界范围被广泛应用。中国应用思维导图也有20余年的历史。放射性思考是人类大脑自然的思考方式,人脑接收的信息都可以作为一个核心主题而引起发散联想。

【实训内容】

步骤一　进行客户、企业产品、市场、消费者等情况的调研,制定广告策略,提取广告的诉求点。广告的诉求点就是思维导图的主题概念。

步骤二　要求参与者完成由主题概念作为起点的思维导图,限定时间为40分钟左右。因为限定了时间,参与者会由于紧迫感而保持大脑的高度兴奋,有利于突破惯常的思维方式,快速捕捉新鲜、奇妙甚至荒诞的思维节点。

步骤三　把主题概念写在白纸中央,由此概念引发大胆联想,形成若干联想概念。

步骤四　把初次联想形成的若干概念作为新的主题概念,沿着不同的联想路线,根据经历、常识、相关要素(如颜色、形状、声音、同类事物等)快速衍生出一连串的相关概念。

步骤五　整理思维导图,将参与者认为新奇的概念挑出,以图画的形式重新完成形象化的思维导图,补充由相关形象节点发散联想出的新的形象要素。

步骤六　选择几个有趣的相关形象要素连接起来,演变成广告创意雏形,通过进一步的修改、完善,辅以电脑后期制作,完成广告作品。

实训三　思维过程的视觉化

【实训目的】在广告活动中,广告策略一般需要物化为视觉形式广告作品来呈现。进行思维过程视觉化的实训让学生直观看到自己和他人的思维轨迹,有利于思维脉络的整理,便于及时记录和彼此交流,更锻炼学生将富有创意的灵感进行视觉的转化,以掌握广告创意表现的一般规律。

【实训原理】灵感随时闪现在我们思维过程中的每一个节点,然而它却转瞬即逝,学习通过草图来记录自己的思考轨迹,将思维转化成可视的图形和可读的文字,才能使我们的瞬时灵感完善成广告创意。从可视的思维草图中,文字记录了抽象的思维演进,让我们了解那些精彩创意的灵感来源;图像验证了抽象思维最终转化为视觉图形的可行性。看似粗糙的草图和手迹,可以在思考中调动眼、手、脑共同参与,有益于创意思维的不断拓展,促使更多灵感闪现。

【实训器材】A3 草稿纸、铅笔、彩色笔

【实训内容】

步骤一 教师拟定可供学生挑选的基本概念或事物,如:“衣、食、住、行”或“螺丝、窗户、围墙”等。

步骤二 要求学生选择感兴趣的一个基本概念,围绕原点概念进行发散联想,并以笔、纸记录思维轨迹的草图,其中的抽象概念用文字记录,具体事物以图形勾勒,并可以简单上色。

步骤三 鼓励学生思维拓展的节点(即联想到的事物),多多益善,先以 10 个为目标,进一步达到 30 个,最终突破 50 个。

步骤四 相邻学生互换草图,查看哪些联想到的事物是由上一级的文字产生,哪些联想到的事物是由上一级的图形产生。

【注意事项】完整记录下每一条思维的脉络,不要漏掉任何一个思维节点。尽可能使用图形进行记录,过于复杂的情境或无法用图形记录的抽象概念可用文字记录。

【预习思考题】请在“手”和“政治”两词中加入 3 个词,使两个概念建立一定的关联。

手 → → → →政治

【实训回答题】思维过程视觉化在广告创作中的意义是什么?

实训四 形象思维训练

【实训目的】广告创作中常用具体的形象作为思维活动的起点来构思广告内容及广告形式,形象思维的训练有利于学生充分掌握广告中形与意的联系,开拓创意思路。

【实训原理】广告中的视觉形象是受众最先接收到的广告信息,视觉上是否具有冲击力，是否能吸引消费者继续“接收”广告的其他信息，是一则广告成败的关键。广告创作中，形象思维是视觉形象设计的主导思维方式，形象带来的奇特的创意和视觉效应的魅力可以使广告作品更富张力。善用形象思维，创作出戏剧性的广告视觉效果，可以令广告感染力加倍。

【实训器材】“红色的肉”广告作品（红色的背景下，两块鲜嫩的牛排占据了画面的主要部分，画面上方有一个主标题——肉；副标题是“使你吸收所需的蛋白质成为一种乐趣”；正文也很简练：“你能不能听到它们在锅里滋滋作响？”）

【实训内容】

步骤一　教师为学生展示“红色的肉”（李奥·贝纳）广告作品。

步骤二　讨论广告中红色的肉放在红色的背景下所产生的戏剧性视觉效果。

步骤三　教师引导学生探讨红色背景在这则广告中的作用。

步骤四　要求学生收集形象思维主导创作的以视觉表现为主的广告作品，每人至少收集 5 则广告作品。

步骤五　集中展示收集的广告作品，并分析形象思维在这些广告作品中的运用。

【注意事项】注意体会红色在这则广告中的作用。

【预习思考题】如何运用发散思维创作系列广告作品？

【实训回答题】形象思维在广告创作中的作用是什么？

实训五　形象思维与发散思维训练

【实训目的】通过系列广告的创作，让学生体会发散思维在系列广告创作中的作用；结合形象思维的运用，可以使系列广告作品更为丰富。

【实训原理】设计大师冈特·兰堡用经过艺术处理的土豆进行了“土豆系列”招贴创作。作品中，他把极富视觉效果的土豆和德国的民族文化相联系，赋予作品深刻的内涵和生命力。著名的绝对伏特加“绝对系列”广告，也以其丰富的主题和多变而精美的形象设计，令绝对伏特加享誉世界。系列广告的创作中，通常以一个创意主题为创作的原点，衍生出多幅极具想象力的系列作品，使广告中的品牌或产品形象更加丰满。

【实训器材】选择任意一种熟悉的食材，自选加工工具，照相机，电脑。

【实训内容】

步骤一　选取任意一种你熟悉的食材，如西兰花、西红柿、苹果、香蕉、鸡蛋等。

步骤二 任选广告主题,如食品、饮品、药品、社会问题、饮食文化等。

步骤三 对选取的食材进行自由创作,以任意形式来表现这一选定的广告主题,完成一组系列广告作品,一系列至少5个作品。

【注意事项】作品中注意对食材艺术化的处理,可以进行后期制作,以电子版呈现。

【预习思考题】什么是逻辑思维?

【实训回答题】形象思维与发散思维在广告创作中的作用分别是什么?

实训六 逻辑思维训练

【实训目的】借助广告创作,使学生认识并应用逻辑思维解决创意问题,提高创意质量。

【实训原理】逻辑思维又称抽象思维,是更为高级的思维方式。逻辑思维以抽象信息的传递为通道,是以概念、判断、推理的形式达到对事物的本质特性和内在联系认识的思维。

【实训器材】自选制作工具,如纸张、电脑等。

【实训内容】

步骤一 以“我”这一抽象概念为思维基点进行联想与思考,以“我”为主题创作一则广告,形式不限。

步骤二 学生集中展示作品,阐述创意思路,教师对作品进行评价。

【注意事项】体会创作过程中逻辑思维的运用。

【预习思考题】试分析“艾维斯:我们只做出租业的老二”广告作品的创意思维。

【实训回答题】在广告创作中逻辑思维的作用是什么?

实训七 逆向思维训练

【实训目的】体会逆向思维在广告创作中的作用。

【实训原理】逆向思维是一种重要的思考能力,对于我们认识问题、解决问题,突破性地开展创意具有非常大的现实意义。但逆向思维并不是简单的叛逆与反向,而是在对广告策略具有了深刻认识的基础上进行的科学合理的延伸与创造。

【实训器材】自选制作工具,如纸张、电脑等。

【实训内容】

步骤一　教师展示几则逆向思维广告作品(包括平面广告、影视广告等)。

步骤二　引导学生对逆向广告作品进行评价,讨论其创作过程中逆向思维的运用,分析逆向思维在广告创意表达中的优势。

步骤三　要求学生选择任意商品,运用逆向思维完成一次广告创作。

步骤四　集中展示作品,阐述创意思路,教师对学生的作品进行点评。

【注意事项】通过逆向思维创作的广告作品也应符合广告策略,实现广告目的,避免逆向思维的过度运用导致受众对怪异的广告创意的反感。

【预习思考题】广告创意思维训练方法有哪些?

【实训回答题】逆向思维在广告创作中的优势是什么?

实训八　头脑风暴训练

【实训目的】通过头脑风暴训练,使学生掌握头脑风暴这种思维训练方法,并在训练中体验脑力激荡的过程。

【实训原理】头脑风暴法是利用集体的思考,围绕一个特定主题,通过相互启发和脑力激荡进行创造性思考的方法。头脑风暴法是广告公司进行广告创意的常用方法。通过训练,使学生体会头脑风暴法下创意产生的过程。

【实训器材】纸、笔、展示板。

【实训内容】

步骤一　教师将学生进行分组,每组 7 ~ 10 人。

步骤二　要求每组同学运用头脑风暴法,为"关爱儿童"平面公益广告提供创意方案。教师观察各组头脑风暴进程,在各关键环节给予学生指导和提示。

步骤三　各组集中展示创意方案,教师对各组头脑风暴的过程及创意方案进行点评。

【注意事项】头脑风暴过程中,禁止批评、私下交流和会中评价。

【实训回答题】头脑风暴法的具体操作方法是什么?注意事项有哪些?

第二节　平面广告策划与创意

一、概论

(一)平面广告的概念及特点

平面广告是基于印刷技术,以二维空间形态的媒介传达视觉信息的广告形式。

平面广告相对其他类别广告，其视觉的主导地位更强，它既是一种商业手段，更是视觉的艺术。极强的视觉冲击力是平面广告的最基本特征。平面广告通过对视觉的刺激，能够提高广告信息的传递效率，增强广告信息的记忆与再认识，成功引导消费。

（二）平面广告的基本分类

按平面广告发布的媒介不同可以把平面广告分为以下几类。

1. 报纸广告。报纸广告就是以报纸为媒介的平面广告，是一种最传统的平面广告形式，它是平面广告中出版量最大、传播范围最广的广告。报纸媒体的编辑主体有新闻性、专业性和娱乐性之分，覆盖范围既有全国性的、又有地方性的，从出版的周期分又可分为日报、晚报、周报、周双刊和周四刊等。报纸媒介发展成熟，品类多样，广告主和广告策划人可根据产品或品牌所属行业的特点和广告的诉求进行选择。灵活的版面空间设置，使报纸广告呈现出多种不同的广告特色与效果，也是广告媒体策划的主要议题。除了传统的报纸广告版面空间设置，特殊的广告版式设计能给报纸广告注入新的活力，展示出卓越的创意表现。结合报纸媒介时效性较强的特点，很多促销信息或时令广告可以让广告人大展拳脚。另外，费用低廉一直以来也是报纸广告的一大优势。然而，作为静态平媒，报纸广告依赖于印刷技术，受到技术和成本的限制，很难表达出精致细腻的视觉效果。在发行上，报纸出版过于频繁也使每张报纸广告的持续影响力大打折扣，许多读者只粗略浏览重要信息即将报纸弃置。见图 6－1。

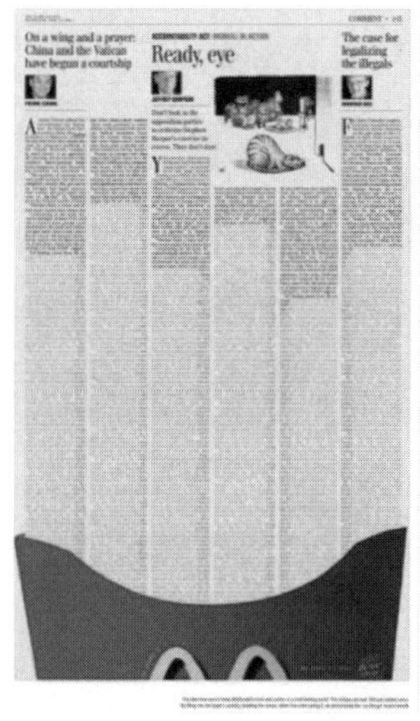
On a wing and a prayer: China and the Vatican have begun a courtship

Ready, eye

The case for legalizing the illegals

Go to OSC, lawyer advised

Ottawa mulls softwood

CBRE

Exxon's share eyed

Sears likely to eliminate president's job

廢得了省 廢不了心結

府會再次摩擦 大家滿腦豆花

图 6－1　报纸广告

2. 杂志广告。杂志广告即刊登在杂志上的广告。与报纸广告相比，杂志广告编辑精细、印刷精美、纸质更优，因此具有更强的视觉表现力。其广告创作的自由度非常大，可以在纸材（使用特种纸实现创意表达）、尺寸（大尺寸或小尺寸更能引起受众的注意）、表现形式（添加气味、立体折叠、加附小册子或赠品等）等方面发挥创意。有的杂志广告还与杂志中的软文相搭配，相得益彰，增加了广告的感染力。不仅如此，杂志还具有品类丰富、发行量大、发行面广、可保存性强、广告有效时间长、受众相对集中等特点。专业杂志可以深入行业进行宣传，篇幅灵活多样，广告主选择性大，便于施展创意等优势。同样，杂志广告也存在局限，如时效性不强，商业服务地方化、区域化，大多数杂志影响力不足等，这些都是杂志广告在开展媒介策划时的瓶颈。在实际操作中，杂志广告创建的规格有跨页、全页、1/3 页、2/3 页、1/2 页、1/4 页、1/8 页、封二、封三、封底等形式。一般来说，除异形广告外，同一版位的创建规格和广告价格成正比，可根据具体的广告策略与媒介传播环境来选择。见图 6－2。

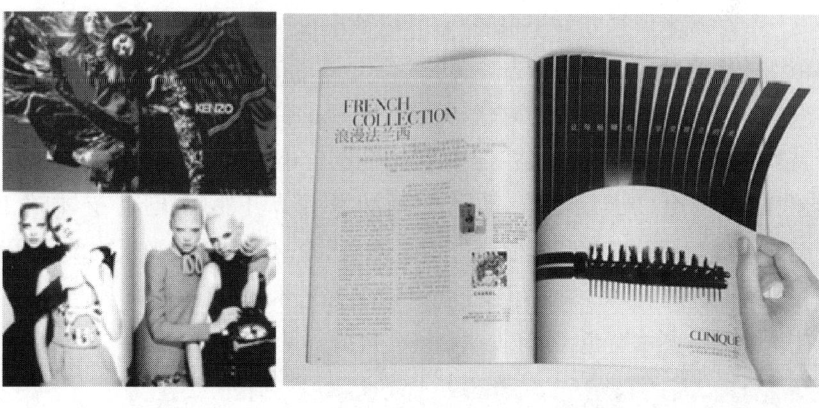

图 6－2　杂志广告

3. 户外广告。户外广告指在城市的室外空间（如街道、广场、车站、建筑物、交通工具、灯箱等）媒体上发布的广告。户外广告往往尺寸较大，广告中的图像或产品形象比实物要大上几十甚至上百倍。大尺寸带来的视觉震撼效果是其他广告形式无法企及的，好的户外广告还能成为城市的话题，被广泛关注。今天的户外广告不再是简单的二维广告牌设计，而是引入了新材料、新技术、新设备，通过创意与环境更好地融合，成为美化城市的艺术景观，是城市经济发达程度的标志之一。新奇的广告创意、绝佳的地理位置、超大广告尺寸的震撼效果，被奉为户外广告的制胜关键。即使如此，户外广告也存在着由于地理位置固定而产生的受众受限、媒体资源受限的劣势。见图 6－3。

图 6－3　户外广告

4. 招贴广告。招贴广告往往被归为户外广告的大门类中，但其相对于户外广告的一般形式来说尺寸要小很多，有时也被用在室内，更多地依靠强烈的设计感和精细的印刷来呈现其感染力。招贴广告是古老的广告形式之一，传统的创作设计人员都经历过招贴至上的时代，其曾在传统的商品售卖中发挥了巨大作用。对于新兴的媒体而言，现代招贴广告应用的范围较小，多用于文化主题的宣传，如电影、戏剧、音乐会、展览、文化活动、节日活动等，活跃于影院、剧院、艺术馆、园区等特定的场合。招贴广告和其他广告相比更富于艺术性，图案和板式设计都十分考究，广告味儿较弱。成功的招贴广告设计堪称艺术品，有些招贴还凸显了当下先锋艺术流派的艺术特色，具有收藏和研究价值。见图 6－4。

图 6－4　招贴广告

5. POP 广告。POP 广告(Point of Purchase Advertsing)也称“购买点广告”，通常出现在大型超市、卖场，是在商业销售中为活跃销售气氛、吸引消费者视线、促成其购买行为的短期店头广告。其形式多种多样，以摆设在店头的展示物为主，如吊牌、海报、小贴纸、纸货架、展示架、纸堆头、实物模型，等等。POP 广告作为一种低价高效的广告方式已被广泛应用，与电视、报纸和户外广告的视觉形象相统一的 POP 广告，会使广告的效果成倍增大(见图 6 – 5)。

图 6 – 5　POP 广告

6. DM 广告。DM 广告(Direct Mail Advertising)，也称“直邮广告”，即通过邮寄、赠送等形式，将宣传品送到消费者手中、家里或公司所在地。DM 广告通常包括：邮件广告、邮票广告、邮寄品、明信片、印刷传单、折扣信息册等。由于广告发布的形式主要依靠邮寄或赠送，所以 DM 广告的到达率高，可以深度传播，能详细介绍产品功能、价格，不受其他广告的竞争影响。然而，DM 广告有时也会被视作“垃圾广告”，有调查显示，仅有 40% 的广告接受者愿意拆开并阅读收到的 DM 广告。如何通过创意吸引受众注意，并让他们乐于阅读广告中的商业信息，是 DM 广告成功的关键(见图 6 – 6)。

(三)平面广告的构成要素

1. 形象。广告中的形象是平面广告中的主要视觉要素，除可展示产品属性外，还可利用寓意、联想等增加产品的附加价值，更是广告创作表达的核心部分。平面广告通过富有创意和冲击力的视觉形象，直接作用于人的心理，使广告信息快速传递，并且能有效增强广告记识度。形象在平面广告中的作用有以

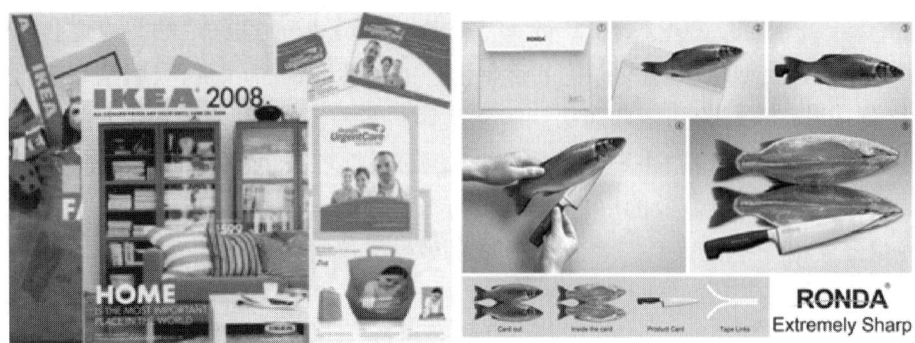

图 6－6　DM 广告

下几点：

(1)展示产品属性。平面广告的产品形象可以直观、准确、快速地展现产品外观，强调产品特点，展示产品的使用方式；还可以通过使用产品前后的对比效果，增强其真实感，使消费者信服，达到广告目的。

(2)提升品牌形象。平面广告运用生动的形象引发受众联想，使受众把美好的场景、令人愉悦的事物和特定的品牌联系起来，深化品牌内涵，提升品牌形象。

(3)增加广告作品的艺术性。形象是平面广告的视觉主体。在创意表达中，精致的图案、优美的景致、巧妙的情景设置，都能给受众以美的享受，使广告作品更具感染力，增加了广告作品的艺术性，有些广告作品甚至成了脍炙人口的艺术品(见图 6－7)。

图 6－7　富有艺术性的广告

2. 文字。平面广告中的文字也叫文案,它不仅是对形象的单纯描述和释义,更是对平面广告形象的补充、提炼和引申。文字通常能转化图像的表面含义,以此为广告增添有力的隐喻,使广告充满戏剧性、幽默感或发人深省。文字可以看作是一些叙述性的符号,使创意的表达更准确、更精彩。同时,文字本身也可以看作另一种广告形象,比如黑体稳重、大方,宋体整齐、隽秀,手写体流畅、亲切、富有个性。字体的选择、字号的大小、文字的排列与组合方式,都在平面广告中起着至关重要的作用(见图6-8)。

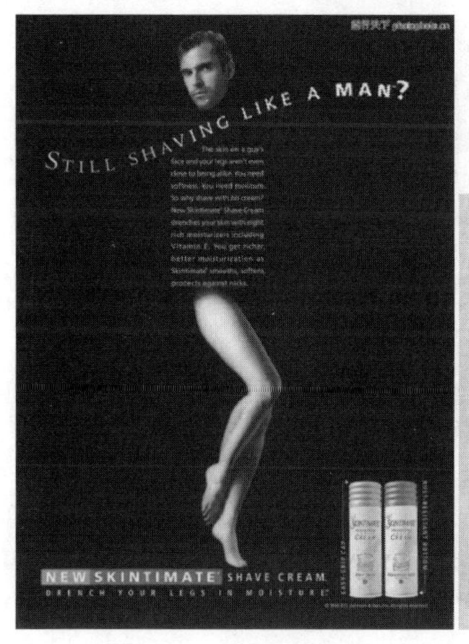

图6-8　平面广告中文字的字体与排列

3. 色彩。色彩指平面广告所使用的配色,它是第一时间被受众捕捉到的视觉要素。精心设计的平面广告配色,不仅可以使创意的表达有事半功倍的效果,更是增强品牌记识度的利器。色彩的作用有以下几点。

(1)影响受众的情绪及心理,辅助广告创意的表达。色彩可以传递出丰富的情感,明快、鲜艳的色彩,令人兴奋、愉悦;深沉、暗淡的颜色让人沉静、压抑。比如,红色可以让人肾上腺素分泌加快,产生紧张不安的情绪,在一些警示、求助的招贴里经常看到。我们也可以通过红色感知生命的热度,所以在表达新生命、孕育等创意主题,甚至在产品“野性诉求”的广告中都可以看到红色。同样,由于红色曾经是一种极其珍贵的颜色,很多奢侈品的广告中,红色也经常被使用。

(2)强化品牌标准色,增强识别记忆。每个品牌都有固定的 LOGO 和标准配色。在广告中使用品牌标准色有助于强化品牌形象,增强消费者对品牌的识别记忆。例如,可口可乐广告中多用可口可乐红做主色调,而百事可乐的广告则会出现蓝色和红色两色搭配,就是为了使消费者强化对品牌的认知、记忆和再认(见图 6 -9)。

图 6 -9　品牌标准色

4. 版式。版式指平面广告中形象、文字、色彩、标识等相关内容的布局安排,是平面广告设计的主要部分。版式直接影响广告信息的主次关系和阅读顺序,版式设计的成功与否决定了广告信息传播的效率。平面广告的版式设计要注意构成上的均衡的美感,各构成要素布局上力求条理清晰,突出广告的主要信息,并要注意版面构成的视觉流程,提高广告信息的可读性,在提升广告画面美感的同时完成有效的广告信息传播(见图 6 -10)。

(四)平面广告的策划与创意

现代广告不再是简单的商品展示宣传。面对越来越多的竞争对手和趋于同质化的市场态势,差异化诉求是现代广告主和广告人所共同追求的。平面广告的创意也不再是纯视觉艺术的审美表达,而是源自基于市场调查的广告策略的精心呈现。在广告创意执行前,精准的广告策略提炼出的差异化诉求,可以

图 6－10　平面广告中的版式设计

使最终的广告效果事半功倍。在平面广告策划的一系列过程中，创意是平面广告策划的视觉性转化，也是广告策划的精髓。

通常在广告创意前，都会有一份来自广告公司客户部的创意简报（又叫 Brief）对创意人员进行“策略”方向上的说明，它是客户部就前期市场调研结合策划部门的产品及消费者分析给出的综合文本说明。创意简报一般由以下几部分组成。

1. 工作描述。工作描述明确了创意工作的性质，是杂志广告还是报刊广告，是户外广告还是招贴设计，让创意人员明白即将进行的是一则或一系列什么样的平面广告创作。

2. 广告目的。通过市场调研，确定广告受众，理清广告要向谁沟通，并且能达成什么样的目标。具体的广告目的如下。

（1）巩固现有的消费者；

（2）说服仍有疑虑的潜在消费者购买；

（3）吸引新的潜在消费者相信广告的描述；

（4）争取竞争品牌的消费者；

（5）挽留即将或已经流失的消费者；

（6）提升品牌形象或产品的知名度；

（7）提升消费者品牌忠诚度；

（8）激发消费者的兴趣及欲求；

（9）加强消费者的品牌偏好度；

（10）改变消费者的固有认知、评论、态度及信任度；

（11）促使消费者完成购买行为，提高销量。

3. 品牌个性。经过前期调研得到的此品牌长期以来的宣传调性和感受,使品牌形象保持连贯性和归属感。

4. 竞争分析。通过竞争分析,明确竞争者是谁,他们的广告诉求是什么,这样有利于找准定位,争取差异化诉求,避免拾人牙慧。

5. 目标消费者分析。找到真实且具有代表性的目标消费者,分析其生活形态、需求、态度、期望、欲求、担忧以及对商品或品牌的固有看法。

6. 我们现在何处。产品或品牌现在消费者心中的状态。

7. 我们将去何处。预判消费者看完广告之后的变化。

8. 诉求点。诉求点是整个广告策划中最精华的部分,是创意人员创意灵感的源泉。

9. 支持点。广告中我们可以用什么来支持诉求点进行理性诉求,让受众更加信服。

10. 风格和调性。广告创意者是"戴着脚镣的舞者",不能天马行空,要依据策略的精髓进行创意,解读不足或者过度解读都会造成创意失败。客户部人员要提前预见创意人员可能越界的地方,给予一定的提醒或干预。

11. 限制条件。要清楚与广告相关的法律法规。

12. 必要列入元素。这主要包括广告主及广告法规要求列入的 LOGO、电话、预售证号、网址、地址、提示信息等。

二、平面广告策划与创意实务实训

平面广告是以视觉为主导的广告形式,其重点和难点在于培养学生如何将抽象的广告策略和诉求概念转化为具象的视觉平面表达。广告初学者很容易将视觉的表达简单地理解为二维空间中场景的营造、情节的释义,这种理解是片面的。这就是为什么有些点子起初听起来很棒,最终的执行结果却差强人意;而有些平面广告看似没有什么创意,但它的视觉呈现却让你拍手叫绝的主要原因。用视觉传达抽象的概念有其自身的方法和规律,只有通过一定的赏析、揣摩和实践训练,才能真正掌握视觉语言表达的技艺。

(一)创意的生成

有了符合广告策略的好创意,广告就成功了一半。对创意简报的相关信息进行反复甄别,将概念先发散做"加法",再逐渐做"减法"和合并,逐渐缩小范围,提炼出直接指导创意的核心信息。从广告策略的诉求点入手,让大脑兴奋起来,准备记录好点子的本子,随时记录好的想法或生活观察所得,不断推敲,认真筛选,创意会在不经意间忽然闪现。好创意的生成看似偶得,实则离不开创意思维的训练。第二章介绍的广告策划与创意的思维方法是我们创意生成的助力器,通过科学的训练方法和几种基本的思考创意的思路,会让创意的产生更加高效。

1. 换一个视角看世界,换一个脑区想问题。寻找寻常事物的不寻常视角,另辟蹊径去思考问题,可以扩充受众的感官经验,让人看到原来稀松平常的事物竟然有如此精彩的一面,会使人们大吃一惊,赞叹并记住广告传递的商业信息。尝试用俯视、仰视、局部、特殊的角度观察事物,发现其特别的视角,并与策略很好地结合,这样的平面广告创意一定会深入人心(见图6－11)。

图6－11　纽约广告奖金奖作品

2. 给"张冠李戴"找个借口。这里说的"张冠李戴"其实就是广告中的图形同构,即利用事物与事物之间的相似现象来进行广告图形的创意,这种相似可以是意义的相似,也可以是心理感觉上的相似。这样组合在一起的两种不相关的事物,会格外引人注目。这种创意方法的难点就在于找到连接两种事物的相似点,使这样的组合看起来并不牵强,表意合理(见图6－12)。

3. 一定不能忘了幽默！如果一则广告能博人一笑,它一定会讨受众的欢心。幽默是广告中最常见的诉求方式之一,将商业促销信息用一种轻松、诙谐的方式传递出来,消解了广告的功利色彩,受众在会心一笑的同时,很自然地接受了广告信息,也增加了其对产品和品牌的好感。另外,幽默的广告创意生动、风趣,能引起受众兴趣,容易记诵,会成为人们闲谈的话题,形成二次传播(见图6－13)。

4. 生活中的创意更有共鸣。最好的创意源自真实的生活。对朴素生活片段的捕捉,对真情实感的挖掘,会令观者感同身受,可以获得很好的共鸣。想做出

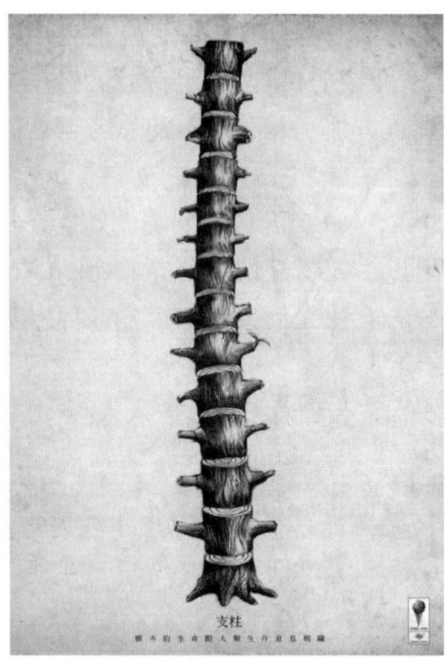

图 6－12　图形同构广告

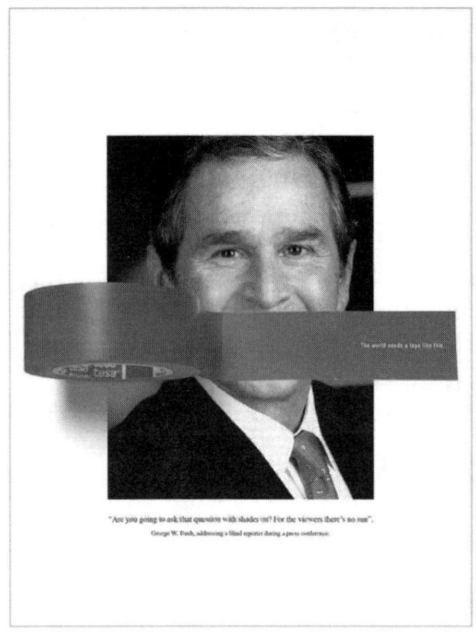

图 6－13　广告中的幽默效果

这样的好创意，就要求我们要善于观察生活，积极感受生活，勤于记录生活中点滴的感动，发现最真实、最朴素、也最能获得共识的好创意（见图6－14）。

图6－14　广告中展示的生活情景

5. 夸张到极点会怎么样。以广告策略的诉求点作为创意思考的起点，如果你还没有什么更好的点子，不妨试试把简单的诉求点不断夸张。那么夸张到极点会怎么样呢？袜子臭到一定的程度可以作为武器去对付敌人；狗粮好吃到了极点，狗的尾巴会摇得像直升机的螺旋桨，让狗的身体腾起。这些富有戏剧性和幽默感的创意都是把广告的诉求进行极度夸张后得到的。可以沿着诉求点要宣传的产品的功能或特点，夸张点，再夸张点（见图6－15）！。

图6－15　广告中的夸张

6. 标识也可以成为创意元素。将标识元素合理融入广告中是一种单纯有效的创意方法，可以实现创意信息的简化和集中，这种高度提炼的广告形式具备直观、有趣、易识记等特点。这一创意方法对品牌形象的塑造和视觉强化具有相当高的价值。见图 6 – 16。

图 6 – 16　广告中的标识元素

7. 现成品做创意,事半功倍。广告创意中我们也可以使用一些受众所熟知的现成品做创意,比如名画在广告创意中的使用就屡见不鲜 。这样的广告创意会使受众把对经典的固有认识和广告诉求联系起来,产生意想不到的广告效果(见图 6 – 17)。

图 6 – 17　广告中运用现成品做创意

8. 用完美的制作去打动受众。具有设计感的、富有艺术风格的广告，能给商业广告带来出众的艺术品位，特定风格的高品位视觉呈现通常可以赢得特定受众的认同。运用什么样的艺术风格和设计手段才能迎合受众的口味，需要结合广告策略中的受众研究来提出广告创意（见图6－18）。

图6－18　具有设计感的、富有艺术风格广告

（二）视觉的呈现

视觉的呈现指的就是广告执行。如何把好的广告创意通过视觉元素传递给受众是广告成败的关键。广告初学者通常重创意轻执行，草率地认为广告执行就是简单的照片拍摄或素材拼凑。他们也会想出不错的创意，但广告执行却不尽如人意，从而使广告效果大打折扣。视觉的表达有其自身的规律，不一样的素材甄选，不一样的视觉元素排版，会传递出完全不同的视觉信息。只有认真思考并通过不断地赏析和实践，才能掌握广告执行的技巧和方法，把创意表达得淋漓尽致，让创意更加精彩。

1. 创造强有力的视觉冲击。平面广告多以视觉形象作为传播商业信息的载体，视觉冲击的强弱是评价平面广告成功与否的重要指标之一。在信息过剩的今天，只有在第一时间吸引受众的注意，才可能进一步传播信息。如何提升平面广告的视觉冲击力，是我们在广告执行中首先要考虑的问题。平面广告中的色彩是最直观的，色彩的对比搭配和视觉联想可以形成最初的视觉冲击效果。平面广告中的形象同样在视觉的冲击中起到了关键作用，不同寻常的视觉形态会令人意外，比如夸张的神态或表情、戏剧化的场景、特殊的拍摄视角、过大或过小于常态的事物等都会格外抢眼。另外，与众不同的文字排版方式和硕大而带着悬念的

“标题党”文案,也常被用来增加平面广告的视觉冲击力(见图 6 – 19)。

图 6 – 19　具有视觉冲击力的广告

2. 让创意的表达更加纯粹。在创意简报中,我们往往把诉求点叫作“The button”。诉求点就好比连接着广告成功的按钮,让好创意“一触即发”,这就意味着诉求点的撰写要简洁明了、直接有效。创意由最直接的诉求点生发而来,也应该鲜明、纯粹、直击人心。在平面广告中,要大胆“删除”画面中与创意无关的元素,避免由于多余的元素而引起受众注意力分散,让创意的表达更直接(见图 6 – 20)。

VOLVO

图 6 – 20　删除无关元素表达直接创意的广告

3. 没有文案就是最好的文案。“好创意是无国界的”。在全球化的市场条件下，优秀的广告创意表达可以超越文化和语言，通过形象来传情达意，使广告效果更加直观高效。完全使用形象要素创作的广告被无数次证明是那么成功。广告初学者往往不追求形象的精准表意，而试图在广告中添加文字来进行创意的说明，使广告创意表现显得笨拙。所以，在广告执行过程中，应该优先使用传播中最直观的广告要素——形象，努力通过完善形象来表意，能用形象表达清楚的尽量不用文字（文案）。文字（文案）的使用不是创意的注解，而是使广告创意再度升华的必要引导（见图6－21）。

图6－21　没有文案的广告

4. 把文字当作图形。在大多数广告中，文字是次于形象的广告要素。只重视形象的修饰和布局，对于文字的处理非常草率，常常成为整个作品的败笔，这是学生广告作品中常见的现象。原因是我们只关注到文字的符号属性而忽略了它的图形属性。在广告最终的画面呈现中，文字要素是与形象共同参与构图的，使用什么字体、大小怎样搭配排列、选择什么颜色、形成几个文字群组、放在画面的什么位置，均会形成截然不同的视觉感受。有些情况下，文字就是创意的组成部分，把文字当作图形处理，细心斟酌，充分考虑它的图形属性，用文字构成形象表意，会使创意表现会更加丰富（见图6－22）。

5. 广告的色彩战略。虽然色彩通常依附于形象而存在，但是色彩在视觉表现中确是最敏感的因素，可以最先引起受众注意。“远看颜色近看花”，就是这个道理。通过色彩，受众对产品有了最初的感性认识，比如奢华的、时尚的、朴

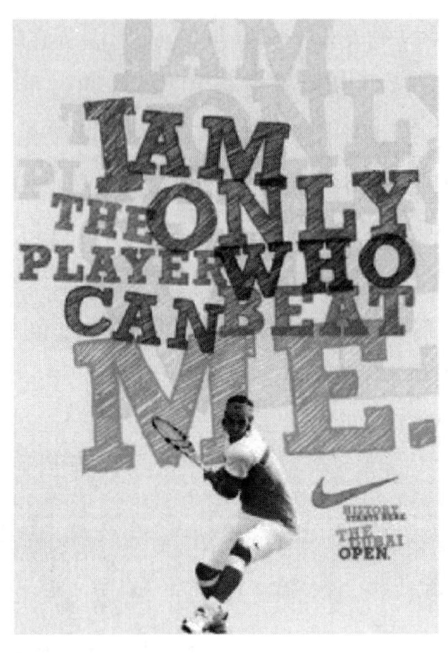

图 6－22 善于运用文字的广告

素的、轻松的等，进而把这些感性的认识理解为产品或品牌的气质。由于色彩本身就具有极强的感染力，合理的色彩搭配不仅可以使简单的广告画面变得热情洋溢，还能及时提示产品信息，方便受众对产品或品牌的再认识（见图 6－23）。

图 6－23 广告的色彩运用

6. 巧妙的图形构成。图形构成是对图形图像元素的有机组合，能给广告画面增添趣味性。正负形、拼接、透叠、比拟等形式都将广告创意准确而有趣味性地传达出来。进行巧妙的图形构成，不仅需要对创意本身有深入的理解，还要求对图形图像元素有着深刻而敏感的把握能力。

实训一　创意简报与广告

【实训日的】帮助学生理解创意简报信息和广告的关联，熟悉创意简报的撰写。

【实训原理】创意简报是对创意人员在“策略”方向上的说明，它是客户部对产品和消费者进行分析的精髓所在。通过成品广告回溯创意简报信息，有助于使学生建立起创意简报与广告的关联。

【实训器材】指定广告作品一则、A4 纸、笔。

【实训内容】

步骤一　教师展示指定平面广告作品一则。

步骤二　要求学生在教师的指导下对这则广告作品进行分析，确定广告的诉求点、受众、竞争者等。

步骤三　分组讨论，对该广告的受众及竞争者加以分析。

步骤四　要求每组学生根据以上分析还原并撰写一份创意简报。

步骤五　教师展示该广告的真实创意简报，引导各组学生进行对照分析。

【注意事项】创意简报的各部分撰写要完整，要尽可能依据指定的广告进行还原。

【预习思考题】创意简报中广告诉求点的撰写应该遵循哪些原则？

【实训回答题】创意简报在广告创意中的作用有哪些？

实训二　广告策略与广告创意

【实训目的】帮助学生在实训中揣摩广告策略与广告创意的关系，能够根据广告策略列举简单的创意诉求。

【实训原理】广告策略中包含重要的创意要素，创意不是纯主观的艺术创作，必须在广告策略的指导下进行。在产品越来越同质化的今天，差异化的广告诉求是使产品或品牌快速占据市场的有效方法。结合广告的市场策略，准确找出具有差异化的广告诉求点，是广告创作的前提。

【实训器材】课前收集的平面广告作品、A4 草稿纸、铅笔。

【实训内容】

步骤一　收集 6 幅不同品牌的洗衣粉平面广告作品。

步骤二　对这 6 幅广告作品进行评价并概括出它们的广告诉求分别是什么。

步骤三　思考不同品牌洗衣粉的广告诉求和其品牌市场定位的关系。

步骤四 找出你认为最有效的诉求方式,从目标策略着手进行点评。

【注意事项】注意观察不同品牌洗衣粉广告诉求点的确定与其广告策略的关系。

【预习思考题】从你挑选出的最有效的诉求点出发,思考还能做出什么样的创意方案?

【实训回答题】差异性诉求在广告中的作用是什么?

实训三 平面广告创意训练

【实训目的】引导学生养成主动观察、善于思考的习惯,培养其广告创意的基本素养。

【实训原理】生活中存在许多视觉上的巧合,这些巧合可以给人们带来惊喜、引起关注。利用发现寻常事物的不寻常之处做创意,可以使广告感染力加倍。

【实训器材】自选观察事物、相机、电脑。

【实训内容】

步骤一 要求学生任选一熟悉的事物,如某一蔬果、文具、衣物、家具、汽车、建筑物等。

步骤二 对这一选定事物进行多视角的观察,努力发现平时观察不到的奇妙角度。

步骤三 拍摄记录这些不寻常的视角,以 PPT 的形式进行集中展示。

步骤四 从这些照片中寻找广告创意的灵感,找到某一视角下该事物与其他事物视觉形象的巧合。

步骤五 利用该视觉形象的巧合,通过后期软件加工、完善,完成一则广告作品。

【注意事项】在观察选定事物时,可以进行轻微的二次加工,如反转、拆分、切割、放大、缩小、光照、投影、搭配自制拍摄环境模型等。

【预习思考题】收集你认为不错的广告作品,要求不少于 10 则,试分析其创意思路及技巧。

【实训回答题】利用形象相似的两事物的关联进行广告创意时还应注意哪些问题?

实训四 平面广告创意及执行训练

【实训目的】使学生熟练掌握基本的创意技巧,在创意执行中发现问题、解决问题,以达到最佳的广告视觉效果。

【实训原理】广告的创意过程并非无章法可循,掌握基本的创意技巧,可以提升创意的效率和能力。形象、文字、色彩、版式都决定了最终的广告视觉效果,在平面广告执行的过程中,我们要对各要素的设计多加斟酌,围绕创意表达逐一解决执行中的问题,使广告完美呈现。

【实训器材】电脑、记录纸、笔、草稿纸。

【实训内容】

步骤一　要求学生给徕卡防抖相机镜头做一则平面广告。

步骤二　将学生分为八组进行头脑风暴,每组同学选择概述中“创意的生成”部分介绍的八种创意技巧的一种进行创意,每组指定同学记录各组创意讨论的全过程。

步骤三　通过创意讨论确定三套创意方案,并画出草图。

步骤四　各组进行创意展示、观摩和评价。派一名同学讲述本组创意的形成过程,将创意方案与其他组分享,并展示方案草图,其他组同学对该组方案给予评价。

步骤五　各组同学从三个创意方案中选择一个最佳方案进行完善,制作成广告作品并提交电子版,教师在学生进行广告执行时给予阶段性指导。

步骤六　课堂上教师集中对各组完成的广告作品给予展示和点评,提出改进意见。

步骤七　根据改进意见,各组学生进行最终的作品完稿。

【预习思考题】平面广告中文字要素的作用有哪些?

【实训回答题】平面广告的执行应遵循什么原则?

实训五　平面广告执行训练

【实训目的】了解如何使用文字要素进行广告创意,掌握这一类平面广告的执行技巧。

【实训原理】文字要素在广告中不仅仅具有叙述性的符号属性,它的外形轮廓也具有图形属性。尤其是在单纯以文字作为主体的广告中,文字要素通常被当作形象要素来设计处理。通过此训练不仅使学生学会此类以文字为主体的广告创意与执行技巧,同时引导学生更关注广告执行中对文字(文案)的设计处理及排版模式。

【实训器材】广告作品集、电脑。

【实训内容】

步骤一 收集以文字要素为主体的平面广告作品若干。

步骤二 要求学生根据文字要素表现形式的不同把作品进行分类,并讨论每一组的广告创意及执行技巧。

步骤三 单纯用文字创作一则公益广告,要求所使用文字与主题相关,提交作品的电子版。

步骤四 教师进行集中作品展示及点评。

【注意事项】注意观察以文字为主体的广告的执行技巧,学习优秀的广告版式设计。

【实训回答题】观摩收集的广告作品,对其创意思路进行揣摩,试述该广告使用文字要素作为广告创作主体的必要性。

第三节 广播广告策划与创意

一、广播广告策划与创意概述

(一)广播广告的概念及特点

广播广告是指以广播电台为媒体,通过电波诉诸受众的听觉来传播商品或服务信息的广告。广播广告同其他媒体广告相比,具有五个鲜明的特点。

1. 受众广泛、传播迅速。自20世纪前半期以来,广播以其丰富多彩的内容成为广受人民群众喜爱的大众传媒,同时成为最重要的广告媒体。广播听众数量众多、受众群体广泛,几乎涵盖了中国城乡不同性别、年龄、文化程度、职业的所有受众类型。广播广告属于电波媒体广告,广播电台发布的广告信息可以瞬间传播到全国各地的千家万户。

20世纪后半期,由于电视和互联网的影响,广播广告的影响力曾一度下降,其收听率和广告经营额不断下降。但这种情况自2000年后出现转机,由于城乡人民群众生活水平的提高和生活方式的转变,广播节目听众人数开始回升,广播广告经营额开始增长。可以肯定地说,目前广播仍然是大众化的广告信息传播媒体形式。

2. 声情并茂、亲切动听。广播广告运用语言、音乐、音响等要素制成广告信息,在广播节目中通过广告时段或插播的形式播出。由于广播广告信息配上了优美的音乐和真实的音响效果,再加上播音员富有情感的语音语调,所以广播广告信息具有亲和性和沟通性。

3. 收听方便、形式多样。收听广播不受时间、地点的限制，非常简便、随意。随着科技的推进和广播事业的进步，收音器材向多样化发展，听众不仅可以通过收音机、随身听收听广播节目，而且可以通过手机、MP3、电脑等多种形式收听广播节目。

4. 制作方便、费用低廉。相对于电视、杂志、报纸广告，广播广告制作简单快捷，将广播广告录音配上音乐、音响素材就可制成广告成品。广播广告单位时间信息容量大、收费标准低，是最廉价实惠的广告媒体。

5. 宣传品牌、促进销售。广播广告快捷、重复、亲和的特点，特别有利于品牌广告和促销广告的传播。广告主做品牌广告和促销广告时，将广播广告与其他媒体广告有机结合，势必会实现良好的广告效果。

（二）广播广告的构成要素

广播广告有语言、音乐、音响三个构成要素。三个要素的不同组合可以形成不同形式的广播广告。

1. 广播广告的语言要素。语言是广播广告的核心要素，广告信息通过播音员的声音传递给广告受众。广播广告的语言与文字语言有很大的不同，它是听觉语言，具有鲜明的特点。

（1）广播广告语言的口语化。广播广告语言是读来给听众听的，因此必须像家常聊天一样具有口语化的特点。只有口语化，听众对广告信息才能听得清楚听得舒服。口语化要求广播广告要多使用群众熟悉的词汇，尽量不使用缩略语和倒装句。

（2）广播广告的语言要简洁明快。广播广告语言的简洁就是要简短精练，这是由广播广告的短时间规格决定的。我国广播广告 15 秒和 30 秒规格的居多，按照 30 秒钟的广告计算，广播广告文字的数量最多也就在 100 字左右。广播广告的明快是指要让听众听得清楚，这就要求广播广告文稿中不要用听众容易听混词义的词句，要多用双音词，要注意广告语言的节奏和韵律。

（3）广播广告语言要注重塑造情境。语言同文字传达和视觉传达一样，也是可以营造环境和传递情感的。有情感的广告语言才能打动消费者，才会给消费者留下深刻的印象。用广播语言塑造情境要在广告中多使用形容词和感叹词，要讲究广告的修辞方法，注意文字押韵、声调配置和句式的使用。

（4）广播广告语言的重复性。广播广告是电波媒体广告，广告内容播出稍纵即逝。为了让广告受众听清记牢，必须反复播出广告产品的品牌名称、企业名称、广告诉求焦点等广告的核心信息。

2. 广播广告的音响要素。广播广告的音响即效果声,是指除了人的语言声音以外的一切声音。音响在广播广告中虽然不能直接传递广告信息,但可以大大增强广播广告的表现力和感染力,是广播广告重要的表现手段。

(1)广播广告音响的类型。主要有三大类型:第一类是大自然中的各种声响,包括风、雨、雷、电和动植物发出的声响;第二类是通过人类活动发出的各种物理声响,主要包括飞机声、火车声、汽车声、门声、碰杯声、写字声等;第三类是人类发出的除语言之外的响动,如掌声、笑声、走路声等。

(2)广播广告音响要素在广告中的表现力。音响效果在广告中的表现力主要有三个方面:第一个方面是营造环境。音响效果可以营造各种不同气象条件、不同季节、不同地域条件下的自然环境效果,还可以营造各种社会环境(如市场环境、赛场环境等)的环境效果。第二个方面是音响可以表现事件的发生过程,比如在广告中可以通过敲门、开门、欢笑、开瓶、碰杯等音响效果表现朋友家庭聚餐的过程和情景。第三个方面是音响在广告中可以有象征意义,比如用电闪雷鸣表现紧急状况、用和平鸽的声音表现和谐的生活等。

(3)广播广告音响要素在广播广告中的使用要求。第一个要求是广播广告音响要素使用要有特色,才能给广告受众留下深刻印象,才能将特定品牌产品的广告同其他品牌产品的广告区别开。第二个要求是广播广告中的音响效果要真实,音响效果录音要精良。第三个要求是广播广告中的音响要素使用要与语言要素紧密结合,切记音响效果不能单独、直接传递广告信息,只有将音响要素与语言要素有机配合才能表现出广告主题。

3. 广播广告的音乐要素。音乐是一种有组织的乐音形成的声音系统,其基本构成要素有旋律、节奏、速度、力度、和声等。在广播广告中运用音乐要素可以起到揭示广告主题的作用,可以让广播广告更加悦耳动听。

(1)广播广告音乐的类型。广播广告音乐有两种类型,即背景音乐和广告歌曲。所谓背景音乐,是指广播广告中作为语言播音的背景声。背景音乐可以吸引听众、表现广告主题、烘托气氛、渲染情节,虽然背景音乐不能直接表现广告主题,但在广播广告中是需要精心设计的重要内容。广告歌曲是为特定的广播广告所设计的、能够表现广告信息的具有原创性质的声乐作品。优秀的广告歌曲可以让听众在娱乐状态下接受广告信息。

(2)广播广告音乐要素在广告中的表现力。音乐要素在广播广告中的表现力主要体现在三个方面:第一个方面是通过音乐表现广告产品的特性,如表现广告产品的产地、产品的特色定位和产品的品牌个性。第二个方面是通过音乐加大广告受众对广告的关注和理解,如音乐可以增强吸引力、感染力,可以激发人们的想象力,可以增强受众对广告信息的记忆度。第三个方面是通过音乐可以鲜明地表现广告主题,如通过音乐可以表现人类的各种情感,可以表现各种人类活动的环境及气氛。

(3)广播广告音乐资料的来源。广播广告的背景音乐资料通常来源于音乐录音积累,广播电台及专业广告公司一般都有音乐资料库,存有各类音乐资料以备选用。创作广播广告时根据广告创意选用合适的背景音乐资料。学生可以使用自己的唱片资料或网络下载音乐资料为自己的广播广告作品配音。正式公开发布的广播广告使用音乐资料时要注意知识产权问题。专门为一则广播广告量身定做的广告背景音乐和广告歌曲要由专业人员创作、演唱和录音,以使音乐效果更有针对性,但制作成本较高。

(4)广播广告音乐要素在广播广告中的使用要求。第一个要求是音乐要素一定要为广告主题服务,离开广告主题的广告音乐再优美、演唱广告歌曲的歌星名气再大,对广告效果而言也没有意义。第二个要求是广告音乐要素要与企业形象、品牌形象一致,通过音乐表现企业精神和品牌文化。第三个要求是广播广告的背景音乐尽量选用一些优美健康、听众耳熟能详的中外名曲,这样有助于提升听众的欣赏力和对广告主题的理解力。

4. 广播广告三要素的组合形式。广播广告三个构成要素可以形成四种广播广告的形式,即语言型,语言加音乐型,语言加音响型,语言加音乐、音响型。广播广告创意可以根据广告产品和广告主题的创意合理地选择广播广告要素的组合类型。

(三)广播广告的策划与创意

广播广告策划是指在市场调查分析的基础上围绕市场目标的实现制定系统的广播广告策略、创意表现及实施方案的过程。广播广告策划是一个系统工作,广播广告创意是这个系统的一个组成部分。广播广告策划主要包括以下几个工作环节。

1. 广播广告的市场调查与分析。市场调查与分析是广播广告策划者在广告策划前进行的信息搜集活动。广播广告策划必须以客观事实为依据,科学合理地制定目标、策略和计划。广播广告的市场调查与分析主要是从市场营销环境、广告产品、消费者需求及市场竞争对手四个方面进行。

2. 广播广告目标的确定。广告目标是广告活动要达到的预期目的。在市场调查与分析中,综合广告产品特色与定位、消费者需求、主要竞争对手营销状况等情况,合理地制定广告活动预期要实现的目标。广告目标有促销目标、企业形象目标、品牌形象目标、传播目标、沟通消费者目标等多种类型。一般情况下,一次广告活动应集中实现一个主要的广告目标。科学的广告目标要用可以量化的数量指标来表示,这样的广告目标才能被检测和控制。

3. 广播广告策略的制定。策略是实现广告目标的具体方法和手段。广播广告的策略主要有目标市场策略、产品定位策略、产品生命周期策略、广告表现策略、广告心理策略、广告媒体策略、广告时机策略等。广告策划者根据广告目标、目标消费者、广告产品、市场状况选择适当的广告策略。

4. 广播广告的创意。广播广告的创意实际上就是广告表现策略的一个组成部分。广告创意就是根据确定的广告主题进行艺术构思,广播广告创意的结果就是创作广播广告创意脚本。

5. 广播广告计划。在充分论证广告目标、广告策略、广告创意的基础上制订广告实施计划。实施计划主要包括广告发布地区计划、广告发布媒体计划、广告发布时间计划、广告发布资金分配计划、广告活动计划等。

(四)广播广告策划与创意实务培训的重点

广播广告策划与创意实训的重点和难点是广播广告的创意,即广播广告创意脚本的创作。作为普通高等院校的学生,做广播广告的创意面临着思维、认知、写作三个方面的困难,这些困难只有通过实务培训和实验课程才能得以解决。

1. 广播广告创意思维的训练。广告创意思维包括逻辑思维、形象思维、创新思维等。一般高校学生只是习惯运用逻辑思维来学习、思考和写作,而对于广播广告所必须掌握的形象思维不熟悉,甚至从来没有接触过。广播广告创意要求学生从广告主题出发,运用形象思维能力创作出有艺术感染力和广告诉求力的优秀广播广告作品。这种创意能力的培养仅靠课本和课堂教学是困难的,只有在实验课程中多观摩、多学习、多实践才能提高。

2. 广播广告构成要素的认知训练。广播广告要素的认知训练主要是音乐要素和音响要素的训练。语言要素的认知要通过汉语写作、广告文案等专门课程的学习来掌握。音乐要素的认知要通过音乐聆听实践来了解音乐的旋律、节奏、速度、力度、和声等音乐构成要素,知道中国民族音乐、西方古典音乐、中西方流行音乐等音乐风格和音乐体裁,熟悉一些表现自然场景和人类情感的著名中外音乐名段。音响要素的认知通过聆听实践来熟悉大自然的各种声音及人们生活中产生的各种声音。

3. 广播广告创意脚本的认知训练。通过阅读优秀的广播广告创意脚本和聆听优秀广播广告录音熟悉听觉语言，了解广播广告三要素的合理组合方式，练习广播广告创意脚本的写作。广播广告脚本的创意是否可行还要通过制作出广播广告作品才能真正进行检验，所以实务培训中还可以尝试让学生参加广告词录音、广播广告三要素混录等活动。

二、广播广告要素体验实训

广播广告有语言、音乐、音响三个要素，体验实训主要是音乐、音响两方面的实务训练。

（一）广播广告要素体验实训的目的

广播广告要素体验实训的目的是围绕广告策划与创意课程中关于广播广告创意要素的理论学习要点，通过实验室教学、实践教学和学生参加广告策划创意实务活动，学习聆听广播广告创意三要素的具体内容，熟悉广播广告三要素在广告中的使用方法，学会广播广告创意脚本的写作方法。

（二）广播广告音乐要素体验实训

1. 音乐构成要素实务训练的内容。音乐构成要素主要包括旋律、音色、节奏、速度、力度、和声等要素。学生应从基础层面了解这些要素，知道这些要素在音乐表现中的作用。

(1) 旋律。旋律是指由一系列单个音符所构成的可识辨的整体。一段旋律包括开始、行进及结束，它有一定的方向、轮廓和连续性。旋律线的起伏可以表现出紧张与放松、喜悦与悲伤、期待与到达等人类情感。

(2)节奏。节奏是指音乐在时间里的流动。节奏包括拍点、节拍、重音、切分音、速度等几个相关联的层面。大自然是有节奏的，如四季变化、昼夜交替、潮起潮落；人的生活也是有节奏的，如呼吸、心跳、走路等。音乐的节奏对于表现大自然场景和人类活动是很重要的。

(3)力度。力度是指声音响亮或轻柔的程度。音乐的力度对人们的关注程度有明显的影响。音量的逐渐增强能够制造紧张激动的气氛；相反，音量的逐渐减弱可以带来平静松弛的感觉。

(4)音色。音色是指声音在音质上的区别。通常用明亮、暗淡、灿烂、圆润和饱满等形容词来描述音色。音色能够形成音乐的对比和变化，可以增强旋律的情感表现。

(5)和声。和声是指和弦的组成方式及它们之间的排列方式。和弦是由三个或三个以上同时被奏出的声音的组合。和弦可以丰富旋律的表现效果。

2. 音乐风格和音乐体裁实务训练

音乐风格和音乐体裁实务训练的内容如下。

实训一　中国音乐风格和音乐体裁视听训练

【实训目的】帮助学生了解、熟悉中国音乐名曲，初步建立对中国音乐风格和体裁的感觉、认知。

【实训原理】中国音乐从时间概念上可以分为中国传统音乐和中国现代音乐两个部分；

从音乐形式上可以分为器乐和声乐两个部分。广播广告中的声乐元素主要是根据广告产品创意主题创作的广告歌。

【实训器材】听音室：专门聆听音乐和音响效果的教学实验室。实验室的墙壁、天花板和地面应按照听音标准严格装修。实验室内应配有 CD 播放器、黑胶唱片转盘、播音头等音源播放设备，与音源设备相匹配的功率放大器设备，音箱设备，与音响器材相匹配的线材。实验室内应备有与广告策划创意教学有关的唱片资料和音响资料。

录音室：录音室是指专门进行语音、音乐、音响效果录音以及进行混录的教学实验室。录音室的基础设备由内置立体声话筒的录音机、电池、SD 存储卡和耳机构成。录音室的标准设备由便携式现场录音机、充电电池、内存卡\\微型硬盘、耳机、立体声话筒、防风罩、减震器、话筒架、线材等构成。录音室的高级形态是现代化的录音棚设备。录音棚的核心设备是数字音频工作站，数字音频工作站具有编辑功能、循环功能和多轨混录功能；录音棚还需配有插件、声卡\\音频接口、监听音箱、存储设备等；还有互联网，音频播放设备。

【实训内容】

步骤一　弹拨乐——由古琴、古筝、琵琶等弹拨乐器演奏，听《平沙落雁》《梅花三弄》《高山流水》《十面埋伏》等音乐。

步骤二　拉弦乐——由二胡、京胡、高胡、马头琴等乐器演奏，听《二泉映月》《夜深沉》《听松》《良宵》《赛马》等音乐。

步骤三　管乐——由笛子、管子、萧、笙、唢呐等吹奏乐器演奏，听《江河水》《百鸟朝凤》《喜相逢》等音乐。

步骤四　民乐合奏——由民乐队合奏，听《春江花月夜》《雨打芭蕉》《霓裳羽衣曲》《喜洋洋》等音乐。

步骤五　西洋乐器演奏的中国音乐——由钢琴、提琴等西洋乐器或由西洋管弦乐队演奏，听《梁山伯与祝英台》《良宵》《彩云追月》《春节序曲》《北京喜讯到边寨》等中国音乐。

【课外视听训练推荐】

刘少椿演奏的古琴音乐；

闵惠芬演奏的二胡曲集；

古筝曲集；

笛子曲集；

民乐合奏曲集。

实训二　西方古典音乐风格和音乐体裁视听训练

【实训目的】帮助学生了解、熟悉西方古典音乐风格和体裁，初步建立对西方古典音乐风格与体裁的感觉、认知。

【实训原理】西方古典音乐从时间上可以分为文艺复兴时期、巴洛克时期、维也纳古典时期、浪漫时期和现代音乐五个阶段；从音乐形式上可以分为器乐、管弦乐、声乐三个部分。

【实训器材】听音室（设备同上要求）；互联网；音频播放设备。

【实训内容】

步骤一　钢琴音乐——由现代钢琴演奏。听巴赫的《平均律钢琴曲集》、莫扎特的钢琴奏鸣曲和钢琴协奏曲、贝多芬的钢琴奏鸣曲和钢琴协奏曲、肖邦的钢琴作品等音乐。

步骤二　弦乐音乐——由小提琴、中提琴、大提琴演奏。听巴赫分别为小提琴和大提琴所做的《六首无伴奏奏鸣曲和组曲》、莫扎特的小提琴奏鸣曲和协奏曲、贝多芬的小提琴奏鸣曲和协奏曲、门德尔松的小提琴协奏曲、柴可夫斯基的小提琴协奏曲、勃拉姆斯的小提琴奏鸣曲和协奏曲以及由著名作曲家创作的小提琴小品等音乐。

步骤三　管弦乐——由管弦乐队演奏。听海顿、莫扎特、贝多芬、勃拉姆斯、德沃夏克、柴可夫斯基等西方杰出作曲家创作的交响曲和管弦乐作品等音乐。

【课外视听训练推荐】

巴赫的《哥德堡变奏曲》；

巴赫的《平均律钢琴曲集》；

莫扎特的《第十一号钢琴奏鸣曲》；

莫扎特的《第二十一号钢琴协奏曲》;

贝多芬的《第二十三号钢琴奏鸣曲(热情)》;

贝多芬的《第五钢琴协奏曲(皇帝)》;

肖邦的《前奏曲集》;

肖邦的《夜曲》;

肖邦的《第一号钢琴协奏曲》。

实训三　西方流行音乐风格和音乐体裁视听训练

【实训目的】帮助学生了解、熟悉西方流行音乐风格和体裁,初步建立对西方流行音乐风格、体裁的感受、认知。

【实训原理】西方流行音乐是与古典音乐相对应的音乐,其通俗易懂,特别受到青少年听众的喜爱。西方流行音乐按照音乐形式和体裁可以分为多种类型,广告中常见的有五种:第一,民谣。民谣的歌词质朴易懂,往往带有寓言性;歌手用本嗓演唱,音色扁平、自然,强调吐字清晰与口语化,民谣音乐具有诉说和聊天的感觉。第二,流行(POP)。这是旋律优美、节奏舒缓、广为传唱的音乐。第三,摇滚乐。是具有生硬、富有动力的节拍,通常用电声乐器伴奏并伴有强烈轰鸣似的电扩声效果的声乐,体现了青少年显示个性、宣泄情绪、反传统的精神倾向。第四,新世纪音乐(New Age)。这是运用电子乐器和高技术录音手段,融合世界各地的音乐元素,追求宁静安逸、沉思冥想效果的音乐。第五,电子音乐。是通过电子合成器等电子乐器创作的音乐,能营造具有现代气息的奇异的音乐效果。

【实训器材】听音室(设备同上要求);互联网;音频播放设备。

【实训内容】

课堂视听唱片:

《随风飘荡》(演唱:鲍伯·迪伦);

《农夫的下午茶》(演唱:斯第文森);

《表面》(演唱:麦克劳伦);

《蓝雨衣》(演唱:华恩丝);

《水印》(演唱:恩雅);

《雅尼卫城音乐会》(演奏:雅尼);

《月缺》(演唱:平克·弗洛伊德);

《战栗者》(演唱:迈克·杰克逊)。

(三)广播广告音响要素实务训练

实训一　广播广告音响要素实务训练

【实训目的】帮助学生了解、熟悉广播广告音响要素。

【实训原理】广播广告需要运用各类音响元素营造背景、场景、气氛,以达成广告音响效果。广播广告有自然、动物、人声、机械、信号声、环境声响等音响要素和效果。

【实训器材】听音室(设备同上要求)、录音室;录音、音频播放设备。

【实训内容】

步骤一　自然音响效果——大自然本身发出的声音。熟悉常用的有水声、风声、电闪雷鸣、雨声、森林声、大海声、地震声、雪崩声等。熟悉运用大自然音响可以在广告中营造自然背景。

步骤二　动物音响效果——动物发出的声音。最常见的有鸡、鸭、猫、狗、牛、马、羊、虎、狼、鸽子、蟋蟀、青蛙、昆虫等动物发出的叫声。熟悉运用动物声音效果可以在广告中营造背景和场景效果。

步骤三　人声音响效果——由人的行为发出的声响。最常见的有笑声、喊叫、掌声、心跳、呼吸、脚步、歌唱、打闹、欢呼等。熟悉运用人声效果渲染气氛。

步骤四　机械声音效果——由器械发出的声响。最常见的有汽车声、火车声、飞机声、电话、电脑打字、枪炮声、开瓶声、碰杯声等。学习运用机械音响效果在广告中营造背景和渲染气氛。

步骤五　信号声效果——由人类操作而发出的特定声音。最常见的有钟声、汽笛、喇叭声、哨声、救护车声、警车声等。

步骤六　文化环境声响——特定的人类生活环境里发出的声响。最常见的有工厂、市场、学校、体育场、剧场、餐厅、家居生活等环境中发出的声响。

【预习思考题】

你接触的广播广告中印象深刻的音乐素材有哪些?

实训二　广播广告音响效果实务训练

【实训目的】帮助学生了解、熟悉音响素材,区别并运用各种音响元素达成广告效果。

【实训原理】不同类型的音响素材、元素可达成广播广告中不同的音响效果。

【实训器材】听音室(设备同上要求)、录音室;录音、音频播放设备

【实训内容】

步骤一 组织学生在听音室聆听音响素材录音资料,通过反复聆听熟悉上述六种类型的音响效果。要求学生特别注意聆听生活中常用的音响素材,要注意区别在各种环境下音响的特殊效果。

步骤二 在教师指导下尝试录制音响效果。录制大学课堂上课、学生餐厅就餐、体育比赛、学生聚会及各种自然音响。录制后,一方面组织学生听录音制品的实际效果,另一方面将学生录制的音响资料积累起来,建立广告音响资料库。

【预习思考题】

(1)音响素材在广播广告中有哪些作用?

(2)何种类型的广播广告需要配音响素材?

【实训回答题】

(1)表现人类的欢乐、激动、思考、悲伤等情绪状态应选配什么音乐素材?

(2)表现优雅、时尚、传统、节庆等概念应选配什么音乐素材?

(四)广播广告创意脚本创意实务训练

实训一 广播广告脚本创意类型实训

【实训目的】通过学习各类广播广告脚本创意类型,帮助学生了解、熟悉、掌握广播广告脚本的创意写作。

【实训原理】广播广告脚本有陈述式、对话式、生活场景式、歌唱式、戏曲曲艺式、实况转播式等创意类型。

(1)陈述式。是指由播音员直截了当地介绍广告产品信息,是最常见的广播广告形式。这类广播广告脚本的写作对广告语言的要求比较高,要字字到位、清晰有力、诉求明确、特色突出。为避免陈述式广告的枯燥乏味,可以增加语言要素的趣味性,或者运用音乐、音响要素增加其生动性。

(2)对话式。是指由两个或两个以上的播音员通过对话来传递广告信息。这种对话式广播广告脚本的写作可以采取两种具体形式:第一种是介绍说明式,即通过对话人的交谈直接对企业、产品、服务进行介绍;第二种是解决问题式,由对话人通过出主意、想办法、提建议等形式传递广告信息。

(3)生活场景式。是指运用语言、音乐、音响要素设计一个生活情节,通过生活情节的演进来传递广告信息。这种广播广告脚本的写作要求营造生动真

实的环境场景，有令人信服的故事情节和风趣幽默的对话语言。

(4)歌唱式。是指将广告信息用歌唱的形式表现出来。歌唱式广告便于记忆、易于传唱，极具艺术感染力。歌唱式广播广告脚本的写作要求文字合辙押韵、朗朗上口，适合配歌传唱。

(5)戏曲曲艺式。是指采用戏曲或曲艺形式传递广告信息。戏曲包括京剧、评剧、越剧、川剧、黄梅戏等多种戏曲形式；曲艺包括相声、评书、快板、顺口溜等多种曲艺形式。这种戏曲曲艺广播广告脚本的写作要求文字工整、韵律协调、便于流传和记忆。

(6)实况转播式。是指采用实况新闻转播的形式传递广告信息，经常使用的实况形式有体育实况、演唱实况、会议实况等。这种广播广告脚本的写作要求充分渲染气氛，使用新闻报道式的语言，巧妙配合音乐和音响要素。

【实训器材】听音室(设备同上要求)。

【实训内容】

步骤一　选择案例，让学生对比、了解广播广告脚本陈述式、对话式、生活场景式、歌唱式、戏曲曲艺式、实况转播式等创意类型的特点。

步骤二　要求学生学习、掌握广播广告脚本陈述式、对话式、生活场景式、歌唱式、戏曲曲艺式、实况转播式等创意类型的相关要求。

实训二　广播广告创意脚本写作训练

【实训目的】通过不同样式的广播广告创意脚本写作训练，使学生学会各种类型广播广告创意脚本的写作。

【实训原理】广播广告创意脚本的写作样式主要有两种：两列式和分列式。

(1)两列式的广播广告脚本。这种广播广告脚本样式就是分左右两个部分，一个部分是对话内容，另一个部分是音乐和音响的内容。两列式广播广告脚本样式见表6-1。

表6-1　蓝天牌空调器广播广告脚本

客户名称：蓝天电器集团有限责任公司
时间长度：30秒
音响效果和音乐描述对白内容

(2)分列式广播广告脚本。这种广播广告脚本分四个部分分别描述广告词、音乐、音响和时间。广播广告脚本样式见表6-2。

表6-2 蓝天牌空调器广播广告脚本

广告词音乐音响时间

脚本中的时间主要是标注广播广告中音乐、音响起止的时间。

【实训器材】电脑

第四节 电视广告策划与创意

一、电视广告策划与创意的概念

(一)电视广告策划与创意的概念及其特点

电视广告是指运用电视艺术的表现形式通过电视媒体向受众传递广告信息的一种广告形式。电视广告具有以下五个鲜明的特点。

1. 信息传播符号的综合性。电视广告可以利用图像、声音、文字等多种信息传播符号向受众传递广告信息。电视广告综合利用这些传播符号可以使电视观众看到真实优美的产品画面,听到播音员的介绍评论,听到优美的音乐,看到短小精炼的文字信息。电视具有综合性传播的特点,具有其他广告媒体不可比拟的信息传播优势。

2. 信息传播的广泛性。电视的传播范围非常广泛,由于电视机的高普及率以及卫星电视转播的高覆盖率,世界上90%的人都可以看到电视。据北京市居民媒体接触调查的结果显示,北京市的老百姓业余时间第一娱乐选择是看电视。利用电视媒体进行广告信息宣传,可以在短时间内让广告信息传遍千家万户。

3. 信息传播的强制性。电视广告信息传播的强制性是指由于广告信息往往是安排在精彩节目的前后或中间插播,所以电视观众会情愿或不情愿地观看广告信息。这种强制性是报纸、杂志等广告媒体不具备的。利用电视媒体的强制性特点,可以播放一些低价值、低关注度的生活日用品广告,以取得良好的广告效果。

4. 信息传播的时效性。电视广告信息传播的时效性是指电视广告是电波媒体广告,也称作瞬时媒体广告。信息传播的时效性有两个方面的含义:第一,是指广告信息传播的速度快,广告信息通过电波可以在瞬间传遍祖国各地。第二,广告信息在电视荧屏上停留的时间很短暂,中国的电视广告规格一般是5秒、15秒和30秒的广告,广告信息稍纵即逝。

5. 信息传播的高成本。电视广告的费用在所有广告媒体中是最高的,在许多电视台购买广告时段,每秒钟的价格都以万元计。但电视广告的高成本又是相对的,如果策划得当,用电视广告的高投入换取广告信息的高到达率和高认知度也是划算的。

（二）电视广告的构成要素

电视广告的构成要素有广告图像、广告语、广告文字、音乐、音响五个方面的内容。

1. 电视广告图像。图像是电视广告中最重要的要素,广告通过图像显示环境、产品、人物等内容来传递广告信息。

(1)电视广告图像的种类有两类:第一类是人物画面,通常是由品牌商品的代言人或电视节目主持人在荧屏上介绍广告信息。第二类是景物画面,即没有人物出现的画面,术语称“空镜头”。景物画面可以表现环境和广告产品。

(2)电视广告图像的形式有两种:第一种是运动画面,即呈现一幅幅展开的运动画面,可以连续地表现事物的发展过程和持续的故事情节。第二种是静止画面,即画面呈静止不动的状态。静止画面往往放在电视广告的最后,让受众清楚地观看产品的商标、包装、厂家等广告信息。

2. 电视广告字幕。广告字幕是对广告图像的说明和对广告信息的文字传达。

(1)电视广告字幕的作用。广告字幕在电视广告中是重要的要素,可以起到强化电视广告主题、强调商品品牌、参与画面构图等方面的作用。

(2)电视广告字幕创意的要领。创意电视广告字幕时要注意四个方面的要领:第一,鉴于电视荧屏的面积,广告字幕的文字内容不宜多,广告字幕的字体不宜小。第二,电视广告字幕中的字体要容易辨认,不要使用冷僻字。第三,广告字的颜色与画面的色调要有明显的反差,以便于受众观看。第四,字幕的出字方式可以多样化,可以在荧屏下方显示,也可以结合画面内容巧妙显示。第五,电视广告字幕在荧屏上的停留时间要适当,通常的停留时间是观众看完字幕的时间再加1秒钟,以利于观众从容看清字幕内容。

3. 电视广告语。广告语是通过电视荧屏中的人物对话传递的广告语言。

(1)电视广告语的形式有两种。第一种是旁白,也称画外音,是由播音员配音形成的广告语;第二种是台词,是电视广告画面中的人物说的话,台词可以是一人独白,可以是两人对白,也可以是多人讲话。

(2)电视广告语的创意要求。广告语的创意要注意三点要求:第一,电视广告的语言一定要通俗易懂;第二,因为电视广告播出时间短暂,所以广告语言一定要精炼;第三,为了吸引电视观众,电视广告语言要力争形象生动。

4. 音乐。音乐是电视广告中的重要元素,它可以烘托广告主题,可以增加广告的艺术感染力。

(1)电视广告中音乐的主要形式。广告音乐根据广告产品的出品地、广告产品的属性、广告创意主题的内容可以选择中国民族音乐、西方古典音乐、中外流行音乐。

(2)电视广告配乐的要求。主要有三点要求:第一,应尽可能选择电视观众耳熟能详的中外名曲,这样有利于观众根据音乐来理解广告的诉求内容;第二,要根据画面的气氛格调选择适配的音乐素材;第三,要特别注意音乐与画面展开的一致性。

5. 音响。音响是电视广告中常用的要素,它可以使电视广告更具有真实性和生动性。电视广告中的音响运用要特别注意与画面情节结合的一致性。

(三)电视广告的策划与创意

电视广告策划是指在市场调查分析的基础上,围绕市场目标的实现制定的广告目标、广告策略、广告创意和广告计划等系统活动。电视广告策划是一个多环节的系统工作,主要有以下五个工作环节。

1. 电视广告市场调查与分析。电视广告策划前必须进行深入细致的市场调查与分析,调查与分析的内容主要是市场环境调查、广告产品调查、消费者调查和竞争对手调查四个方面。根据电视广告的特点还应开展电视媒体传播特性的调查分析,即调查电视媒体的收视率、电视媒体的观众构成、电视媒体的广告播出成本等方面的情况。

2. 电视广告目标的确定。电视广告目标首先要根据企业的营销目标明确产品销售目标、企业形象目标或品牌形象目标;然后根据电视媒体传播的特点制定电视广告传播的目标,明确毛评点、到达率等具体的传播指标。

3. 电视广告策略的确定。电视广告的策略应围绕广告目标制定目标市场策略、产品策略、心理策略、广告诉求策略。由于电视是视觉传达媒体,所以电视的广告诉求策略与其他的媒体形式不同,电视广告应充分运用传播符号综合性的优势,做好感性诉求或展示诉求的文章。

4. 电视广告创意。电视广告创意就是完成电视广告创意脚本。构思电视广告脚本要从广告目标出发,紧密联系广告主题,努力设计出有鲜明的广告形象、有令人难忘的广告亮点、有朗朗上口的广告金句的优秀电视广告脚本。

5. 电视广告计划。运用文字形式和图表形式做好电视广告计划。计划主要是电视广告发布时间安排计划、电视广告费用安排计划、电视广告发布效果检测计划、电视广告目标推进计划等。

(四)电视广告策划实务训练的重点内容

1. 电视广告创意思维方法的训练。电视广告创意主要依靠形象思维的方法,这种思维方法一般学生很少使用或者根本没有接触过。电视广告策划实务训练就是要让学生学习形象思维的方法,了解视觉传达的规律,初步掌握将广告主题的抽象概念转化为画面的路径和方法。

2. 电视广告构成要素的认知训练。电视广告的构成要素有图像、广告语、字幕、音乐和音响五个方面。认知训练主要是电视图像要素的训练,音乐和音响的训练可结合广播广告策划实务训练一并进行。

3. 电视广告创意脚本的写作训练。电视广告创意脚本是电视广告创意的结果,它将视觉传达的信息(即图像、语言、文字等)用文字描述出来。电视广告分镜头脚本是电视广告拍摄的工作台本,脚本要详细具体地描述每一个广告镜头的景别、镜头运动、镜头角度、画面时间以及对话、配乐、音效等方面的内容,脚本的撰写要符合专业的规范要求。学生只有通过电视广告实务训练才有可能写出合格的电视广告创意脚本。

二、电视广告要素体验实训

电视广告有图像、广告语、字幕、音乐、音响五个要素。音乐、音响两个要素的体验训练可参看上一节广播广告实训的内容;在本节中主要讲图像要素和电视广告脚本训练的内容。

实训一　电视广告要素实训

【实训目的】紧密结合课堂讲授的关于电视广告创意的理论内容,通过实验室教学、实践教学和参加全国大学生广告策划创意比赛,观摩体会电视广告创意的五个要素,熟悉电视广告创意的方法,掌握电视广告创意脚本的写作方法。

【实训原理】画面是电视广告的第一要素,也是学生学习电视广告创意的最大难点,难在形象思维的运用和影视画面形成技巧的掌握。电视广告创意实训就是要让学生通过观摩和练习,知道画面形成和画面组接的基础知识,并能够运用这些知识去撰写电视广告脚本。

(1)电视画面的景别。在电视广告镜头中,景别是构成画面的基本镜头语汇,它是指被拍摄对象在画面中的范围。景别一般可分为五个类型:第一,远景,也称大全景,它包括的景物范围最广,显示出宽阔的场景和广大的空间。第二,全景。它以完整的构图涵括某一具体形象,并于相应的空间环境组成画面。第三,中景。中景只包括某一物象的一定范围的画面,比如拍摄人物膝盖以上部分的画面就是中景。第四,近景。近景画面中包含的景物范围比较小,能够表现被拍摄对象更多的生动细节,从而给观众留下具体深刻的印象。近景镜头中环境背景可以忽略。第五,特写。它让被拍摄对象的某一局部充满画面,只表现一个具体细节,从细微处揭示物象的深刻本质特点,给观众留下极其深刻的印象。

(2)电视画面拍摄的镜头运动。镜头运动是指通过移动摄像机机位,或者变动镜头光轴,或者变动摄像机镜头焦距所进行的拍摄,通过这种拍摄方式获得的画面称为运动画面。常见的镜头运动方式有推、拉、摇、移、跟五种:①"推"是指摄像机向被拍摄主体方向推进,或者变动镜头焦距使画面框架由远而近向被拍摄主体不断接近的拍摄方式;②"拉"是指摄像机不断远离被拍摄主体的后退式的拍摄方法,利用摄像机的变焦镜头也可得到拉的拍摄效果;③"摇"是指摄像机的机位不变,但摄像机沿光轴方向旋转的一种拍摄方法;④"移"是指将摄像机架在活动物体上,边运动边拍摄的一种拍摄方法;⑤"跟"是指将摄影机架在活动物体上,跟随着被拍摄主体的运动而运动的一种同步拍摄的方法。

(3)电视画面的拍摄角度。拍摄角度是指摄像机在一定位置上的拍摄方向。拍摄角度有拍摄的几何角度和拍摄的心理角度两个理解层面,本书论及的拍摄角度是讲拍摄的几何角度。常见的拍摄角度有平摄、俯摄、仰摄三种:①平摄是指摄像机设置在与被拍摄主体相当的视平线上,其视觉效果与人们在日常生活中平视观察前方事物的情况相似;②俯摄是指一种自上往下、由高向低的拍摄方式,给人俯视的视觉效果;③仰摄是指摄像机低于被拍摄主体的水平线向上拍摄的拍摄方法,产生从下往上的仰视视觉效果。

【实训器材】观片室:配置影院系统。影院系统由信号源、功率放大器和终端系统三个部分构成。信号源包括 VCD、DVD、蓝光碟机、计算机等。功率放大器一般采用 AV 功率放大器。AV 功放主要由信号源选择器、信号处理前置放大器和后级功率放大器组成,功率放大器可以接收信号、处理信号、调节音量,最后通过功率放大驱动音箱。终端系统主要包括显示设备和音箱:显示设备通常采用投影机和投影幕、大屏幕平板电视机;音箱根据观影系统的规格配置,如杜比 5.1 环绕立体声影院系统就需要配置两个主音箱、一个中置音箱和两个环绕音箱,还需配置一个重低音音箱。影院系统三个部分需要专业线材的连接。

【实训内容】

步骤一　电视画面体验训练。通过电视画面案例,了解、熟悉电视画面的景别、镜头运动、拍摄角度等。

步骤二　电视画面拍摄的镜头运动体验训练。通过电视画面案例,了解、熟悉电视画面拍摄镜头的推、拉、摇、移、跟五种运动方式。

步骤三　电视画面的拍摄角度体验训练。通过电视画面案例,了解、熟悉电视画面的平摄、俯摄、仰摄三种拍摄角度。

实训三　电视画面组接体验实训

【实训目的】通过学习、引导,让学生掌握画面组接的基础知识,掌握蒙太奇概念,学会在电视广告脚本中描述连续画面。

【实训原理】电视广告片是由多帧画面通过剪辑组接和蒙太奇组接连接在一起的。

(1)画面的剪辑组接。剪辑组接是指将分散、零碎的镜头连接在一起,这是一道技术性的工艺活动。剪辑组接的方法有:第一,切。切是指将两个镜头直接连接在一起,即前一个镜头结束,后一个镜头立刻开始,中间没有时间停留,也称无技巧剪辑。第二,化。化是指两个或两个以上不同时空的不同景物在同一个画面中重叠起来,即前一个镜头渐渐隐去,后一个画面渐渐显现。第三,淡,是指淡出和淡入。淡出是指一个镜头画面由清晰逐渐变暗以致完全消失,淡入是指一个镜头由暗逐渐显露,直至完全清晰。第四,划。划是指划入和划出,即后一个镜头从前一个画面上渐渐划过,效果好比拉门帘一样。第五,闪。闪是指前后两个画面相接时中间空出几格画面,形成闪烁的白光,然后过渡到下一个镜头。第六,分屏。分屏是指将多幅画面容纳在一个镜头画面中,可用来展示在不同空间、同时存在的景物或人类活动。

(2)画面的蒙太奇组接。蒙太奇原本是法文中的建筑术语,是搭建的意思。影视艺术借用这个词来形容按照创作人员的主观意识去组接镜头画面。

蒙太奇艺术手法分为叙述蒙太奇和表现蒙太奇两种形式。叙述蒙太奇是指将镜头按照时间顺序、生活逻辑和因果关系来组接,以交代情节、展示事件和演绎故事,有直叙式蒙太奇、平行式蒙太奇、交叉式蒙太奇等形式。表现式蒙太奇是指通过镜头画面的组接造成一种概念或含义,以增加艺术表现力和情绪感染力,有对照式蒙太奇、心理式蒙太奇、复现式蒙太奇、象征式蒙太奇等形式。

【实训器材】观片室(设备同上要求)

【实训内容】

步骤一　播放电视广告案例,熟悉电视广告画面的剪辑组接和蒙太奇组接形式。

步骤二　通过电视广告案例,分析并掌握剪辑组接中的切、化、淡、划、闪、分屏技术。

步骤三　熟悉并分析、掌握电视广告案例蒙太奇组接方式中的叙述蒙太奇和表现蒙太奇技法。

步骤四　以“我的班级”为主题,选择、运用两种画面组接方式,为班集体做一则两分钟的电视广告。

【广告画面体验实训影片素材推荐】

(1)优秀电视广告片:

中国广告年鉴(视频部分);

中国电视广告金鹰奖获奖片;

台湾电视广告金钟奖获奖作品集;

金犊奖影视广告获奖作品;

广告盛宴(广告饕餮之夜);

广告之王(KINGS of ADS);

全球广告精选;

世界奇趣广告集;

国际广告精选。

(2)优秀电影片(可先阅读根据北京大学陈旭光老师《电影艺术讲稿》一书):

①中国电影部分:

《一江春水向东流》;

《早春二月》;

《小城之春》;

《黄土地》;
《红高粱》;
《阳光灿烂的日子》;
《小武》;
《重庆森林》。
②外国电影部分:
《战舰波将金号》;
《公民凯恩》;
《罗生门》;
《后窗》;
《桂河大桥》;
《广岛之恋》;
《飞越疯人院》;
《疾走罗拉》。
【预习思考题】
(1)你最喜欢的电视广告片是哪一部?为什么喜欢?
(2)什么样的电视广告画面最吸引观众?
(3)电影艺术对电视广告的创意有哪些启示?
【实训思考题】
(1)举例说明电视广告画面的景别和镜头运动。
(2)说说蒙太奇在电视广告中的作用。
(3)选出一部你喜爱的电影或电视广告片并从画面艺术角度说明理由。

(三)电视广告脚本体验实训

实训一 电视广告脚本类型体验实训

【实训目的】帮助学生熟悉、掌握电视广告创意脚本类型。

【实训原理】电视广告脚本有以下几种类型。

(1)新闻报道型。电视广告以新闻报道形式出现,直截了当地介绍广告产品或广告企业。这种类型的电视广告给人真实、客观的印象,使电视观众容易理解电视广告传递的广告信息。

(2)生活片段型。电视广告利用日常生活中的一个片段、细节,将广告产品点缀其中,用以宣传广告产品与人民群众生活密不可分的联系。

(3)故事情节型。电视广告将广告信息编成生动有趣的故事,让枯燥的广告信息变得更吸引人、更形象、更能给人留下深刻的印象。

(4)名人代言型。电视广告让影星、歌星、运动员明星或其他社会名人为广告产品或广告企业代言,以扩大广告产品或广告企业的影响力。

(5)示范证明型。电视广告中通过表现专家、消费者使用广告产品的情形,用以证明广告产品的优异性能以及广告产品能够给消费者带来的利益和好处。

(6)动画型。电视广告运用卡通形象或动画片的形式宣传广告信息,这种类型的广告生动活泼,特别受青少年受众的喜爱。

(7)幽默型。电视广告通过喜剧或相声演员的表演,采用幽默比喻的方式和搞笑的语言宣传广告信息。这种广告寓广告信息于欢笑中,容易受到消费者的欢迎。

(8)特技型。电视广告通过电脑技巧创造出一种全新的、不同于以往习惯感受的视觉效果。它可以艺术地、夸张地表现广告产品,产生较强的艺术冲击力。

【实训器材】电脑;观片室(设备同上要求)

【实训内容】

步骤一 选择体现电视视频广告八种类型特点的案例播放,让学生学习、把握。

步骤二 分析八种电视广告创意类型广告,通过学生的课堂讨论和体验,让学生归纳各类文本写作的特点和要求。

实训二 电视广告脚本写作训练

【实训目的】通过实训,让学生学习、了解和掌握电视广告脚本写作的两种样式。

【实训原理】电视广告脚本有文字说明式脚本和分镜头分列式脚本两种类型。

(1)文字说明式电视广告脚本。这种电视广告脚本是用文字来描述广告片中的画面、广告词、字幕、音乐、音响诸要素的内容。对画面的描述包括景别、镜头运动、拍摄角度、画面时间长度等方面的说明;对音乐、音响的描述除了说明音乐曲目名称、音响效果名称外,还要对应说明音乐、音响适配的画面和存留的时间。

(2)电视分镜头分列式广告脚本。这种电视脚本就是按照电视广告画面的序号分别说明每个画面的景别、镜头运动、拍摄角度、广告词、字幕、音乐、音响的情况。电视广告分镜头脚本是电视广告拍摄的工作台本,每一个画面都要综合考虑、精心设计。

电视广告分镜头分列式脚本样式见表6－3。

表6－3　电视广告分镜头分列式脚本

序号	景别	画面	广告词	音乐	音响	时间
1	中平	中餐厅一角	生日快乐	杯盘声		3秒
－－－	－－－－	－－－－－－－－－－	－－－－－－		－－－－－	－－－－－

注:表中的内容根据广告创意撰写,画面中的电视广告要素需确切描述,画面中没有的要素则不写,如本例中画面没有音乐就不写。景别一栏中写的中平是指中景和平摄角度,电视广告脚本中通常都这样写。

【实训器材】电脑;观片室(设备同上要求)

【实训内容】

步骤一　带领学生学习、掌握电视广告脚本写作的两种格式。

步骤二　结合一则10秒电视广告,让学生以两种样式,分别写作创意脚本。

步骤三　对比电视广告案例,分析学生写作的电视脚本的得失。

步骤四　以“校园四季”为主题,要求学生选择一种电视广告脚本写作样式,进行四个30秒的系列电视广告创意及广告脚本写作。

步骤五　进行课堂广告脚本展示和分析。

【注意事项】学生在练习电视广告脚本写作时应注意五个方面的问题:第一,电视广告脚本的文字应能转化为视觉形象,文字应注重具象的描述,避免概念化的语言;第二,电视广告一开头就应吸引观众的注目,因此写好电视广告脚本的开头很重要;第三,电视广告中要有鲜明的记忆点,特别要让观众对广告的诉求焦点有深刻的印象和理解;第四,电视广告要有强有力的结尾;第五,电视广告中要突出企业或产品品牌的名称。

【预习思考题】

阅读优秀电视广告脚本。

【实训思考题】

练习撰写电视广告分镜头脚本。

第五节　网络广告策划与创意

一、网络广告理论概述

伴随互联网技术和媒介终端的飞速发展,人们对网络已经不再陌生。网络广告作为广告界一支新生的力量,在20年间日新月异迅猛发展,新创意新形式不断涌现,以其超越传统媒体的兼容性和互动性,成为信息时代不可忽视的营销渠道,创造了一个又一个营销传奇。

社会的发展,其根源在于人的发展。每一次媒介的重大发展和变革,都带来人们对自身以及生存方式的反思和重构。网络区别于传统媒体的最大特点是不再自说自话,不仅是"面向"大众的媒介,更是聚合大众"参与"的媒介,其信息强度在传播过程中不是逐渐弱化而是被反复加工甚至增强。

在网络环境中产生的网络广告,它的特点与网络的媒体属性密不可分。网络广告建立在计算机、互联网、信息终端等通信技术和多媒体技术之上,不管是呈现在页面上的网幅广告、标牌广告、弹出式广告,还是依托搜索引擎技术的关键字广告、链接广告、分类推送广告,或是建立在网络通信过程中的邮件广告或议题广告(病毒式传播)等,都要求其充分发挥网络媒介的特性和优势,结合品牌或产品特点展开创意,组织有效的传播策略。

(一)网络广告的概念及特征

与传统媒体相比,由于网络广告的诞生时间很短且仍处于巨大的拓展和变革时期,因此其概念的界定目前尚未达成一致。既然我们将网络广告与报纸广告、杂志广告、广播广告、电视广告进行分类提出,那么其概念应该基于其媒介特质。本书倾向于采用刘千桂副教授提出的概念,将网络广告定义为:基于网络平台的广告信息传播以及广告信息价值增值活动。这一概念指明了网络广告需要具备下述三个特征:①在网络环境下,采用网络平台和技术;②以广告信息传播为目的;③包含各种能够实现广告信息价值增值的方法和活动。

网络广告活动的基本构成与其他媒介类似,主要包括广告主、广告代理商、媒介平台、广告受众和广告信息。

(二)网络媒体不同于传统媒体的主要特点

1. 覆盖的无边界性。网络在很大程度上打通了媒体之间覆盖的相对独立性,不管是信息发布者还是信息接收者,只要身处网络环境中,都可以随时对信息进行交换和提取。

2. 进程的可控性。网络活动不再受限于时空范围和表现形式,且在传播中的每一阶段都可以对信息进行更改或调整。在一个网络广告传播进程中可以融合多种广告形式,广告、公关等营销手段的边界更加模糊,对营销和广告策略也可以随时调整和改进。

3. 信息易达性。媒体的使命之一就是信息的有效传递。在网络环境中,信息可以在任意指定区域保存相当长的时间,而且更易于检索和整合,这在现有的广告形式中具有特殊的优势。

4 信息互动性。传统媒体信息的流动都是单向的,网络环境下信息的流动却是双向的,这不但使网络广告行为的空间更加广阔,还使得各方在广告活动中的参与度大幅提高,信息传递更充分,有利于传播成本的降低和传播效率的提升。

网络作为一种再现力强、形式丰富的媒体,使得网络广告在文案、图形、设计、动画、声音、情节等构成要素上纷繁多样,并且,其呈现形式仍处于深刻的调整和发展之中,报纸、杂志、广播、电视等传统媒体的表现形式都可以兼容到网络的平台上来。本书的其他章节对这些传统媒体广告的构成要素均有详细描述,在此不再做深入阐释,而将重放在网络广告的独特属性上。

(三)网络广告的属性

基于上述网络媒体的主要特点,网络广告所呈现出的独特属性主要包括以下几点。

1. 互动性。互动性是网络环境下媒体和广告的最大特征,是网络广告区别于传统媒体广告的独特属性。这一属性为广告既有的“广而告之”功能带来了“沟通”和“分享”的概念。广告主和广告代理商既可以通过网络媒体向广告受众传播广告信息,也可以通过网络媒介收集信息,甚至可以基于媒介平台开展广告调研,实现与市场的即时对接。并且,互动性不仅发生于广告主与广告受众之间,还包括受众与受众之间。受众之间的信息分享大大推动了口碑传播效应,并能有效发挥意见领袖的指导作用。在这一属性的作用下,传统消费的AIDMA模式(注意Attention—兴趣Interest—欲望Desire—记忆Memory—行动Action)也正被新的AISAS模式(注意Attention—兴趣Interest—搜索Search—行动Action—分享Share)所取代。(参见陈刚高等教育出版社出版《网络广告》)

2. 高效性。借由网络的检索和分类功能,网络广告能够高效锁定目标受众。广告的效果包含广告信息的流动性,固定广告成本和单位时间内信息流动性越高,广告效果就越好。网络广告还能缩短广告投放的进程,便捷迅速,能在较短时间内覆盖大规模人群。如果结合社会关注度高的话题信息,更可以获得事半功倍的效果。网络广告的高效性还体现在制作阶段。不同于传统媒介的生产周期和媒介排期,尤其是电视广告的影视编辑合成,网络广告的设计制作和投放简便易行,完成效率更高,设计理念和要素确定以后,能够很快地制作上线。

3. 延展性。无论是纵向上的信息延伸,还是横向上的信息扩展,网络广告都具有独特优势。当前消费者的生活方式更加多元,消费需求在升级,对信息的需求量激增,这些都对传统媒体单一固化的信息传播方式提出了挑战。在网络环境下,庞大的数据库能够容纳海量信息,并通过关键词链接层层递进,其信息容量和便捷的路径是传统媒体所无法比拟的。通过结合多种网络广告推广策略,如网幅广告 + 关键字广告 + 分类推送广告等形式,能够显著增加信息曝光频次和与受众的接触点,使受众方便地了解更多有效信息,甚至可以及时与潜在客户取得联系,在更大范围和更深层次上影响受众。

4. 兼容性。网络广告之所以具有旺盛的生命力,还在于其强大的兼容性和表现力。电视广告可以在网络上看到,广播广告可以在网络上听到,纸媒广告可以在网络上搜索到,线下活动广告也有线上的配套活动。网络广告不断被证明,绝大部分广告形式都可以与其有效兼容,使其成为强大的平台支撑。并且,传统媒体的表现形式都可以在网络上得到模拟和再现,网络广告的文案、声音、影像等表现方法甚至超越了传统媒体,更具互动性和感染力。

5. 增值性。这也是网络广告的一个特殊属性。网络不再仅仅是“面向”大众的媒介,更是聚合大众“参与”的媒介。网聚人的力量,信息在广告传播过程中被再加工。在网络环境中,每个受众都拥有平等获得、分享和加工信息的权利。从这个意义上讲,网络广告传播活动将每个受众也作为其传播渠道之一,在传播过程中充分发挥了其作为参与者的潜能和影响力。有别于一般传统媒体,网络广告传播的信息强度在传播过程中不是逐渐弱化而是被反复加工甚至增强。

6. 可控性。网络广告的可控性体现在广告信息的即时发布、市场变化的及时应对、受众信息的可测量等方面。传统媒体通过广告很难准确地了解受众的情况,而在网络环境中可通过访客流量统计系统精确测量广告及受众信息,并生成数据库。借助分析工具,广告过程更易于监控,广告效果更易于评价,受众群体清晰易辨。

网络广告所具备的这些独特属性使其在发展不到 20 年内成就卓著、异彩纷呈,广告形式不断推陈出新,为营销领域不断贡献着新鲜的创意和无尽的潜能。

(四)网络广告的基本分类

在充分利用网络的多媒体应用、链接和交互功能的基础上,网络广告蓬勃发展。目前网络广告的常见形态主要包括以下几种。

1. 网幅广告(Banner)。网幅广告也称横幅广告、旗帜广告、按钮广告,是以GIF、JPG等格式建立的图像文件,定位在网页中用来表现广告内容,同时还可使用计算机语言使其产生交互性,用插件工具增强其内容表现力。网幅广告分为静态、动态和交互式三类。网幅广告是最早出现的网络广告形式,由于其制作简便、成本低廉,对网络环境要求不高,应用也最为普遍。当前,网幅广告与搜索引擎结合使其功能更加强大,正逐渐改进成为小型的搜索引擎入口。

2. 弹出式广告(Pop - up Windows)。弹出式广告指用户在链接一个地址时,主动使弹出的广告页面或窗口。这种广告形式的曝光度较高,但由于具有强迫性,并不被受众乐于接受。相反,如果过度使用这种广告形式,会让广告主和品牌的亲和力与美誉度下降。目前很多浏览器和软件可以设置屏蔽功能,即是针对这种广告形式,使弹出式广告的到达率已经大幅降低。

3. 插播式广告(Interstitials Ads)。插播式广告也称过渡页广告,指插播在信息下载过程中的一种广告,在两个网络内容切换的间隙呈现。这种广告形式有一定的强迫性,比较容易应用于软件下载、网页登录、网络游戏进程或网络视频观看的间歇,在等待过程中不易引起受众的反感。在网页切换过程中,由于这种广告形式曝光时间很短,其负载的信息量不宜过大。

4. 漂浮广告(Floating Button)。漂浮广告又叫活动式广告,指在网页原页面上悬浮或移动的广告,能够根据鼠标或其他键入信息进行响应,形式可以为GIF或FLASH等格式。漂浮广告通常在网站首页或各版块、帖子等页面中移动,不易被其他网页元素遮挡,容易吸引人们的注意。

5. 电邮广告(E - mail Ads)。电邮广告是通过互联网将广告信息发送到受众电子邮箱的广告形式,类似于纸媒的直邮广告,适合于电子优惠券、活动邀请函等广告信息的推送。电子邮件是网民最常使用的网络工具之一。电邮广告具有针对性强、费用低廉的特点,可以针对特征人群发送特定的广告,进行分类信息的推广。这种广告形式有赖于数据库的建立和有效使用。

6. 关键字广告(Key Word Ads)。关键字广告是一种文字链接型网络广告,通过对文字进行超级链接,引导受众进入相应地址或提供其他有关信息,实现广告目的。关键字广告是依托搜索引擎和数据库技术发展出来的网络广告形式,受众在搜索某些关键字的时候,含有关键字信息的相应广告就会显示在网站的页面上,所以这种广告形式快捷灵活,有很强的针对性。可以与搜索排名和分类广告结合使用,是当前非常流行并受到广泛关注的网络广告形式。

7. 富媒体广告(Rich Media)。确切地说,富媒体广告强调的是其技术维度,指随着技术的进步,具备声音、动态图像、文字等多媒体组合的广告形式。这一形式彻底改写了过去网络广告单一枯燥的表现方式,为网络广告的多元发展创造了可能。富媒体广告实现了不需要受众安装任何插件就可以播放的整合视频、音频、动画图像,实现了双向信息通信和用户交互功能,可提供更丰富细腻的感官体验以及广阔精美的创意展现,充分发挥了网络媒体的资源优势。富媒体广告对网络终端设备和网络环境的要求较高。

8. 软件广告(Software Ads)。软件广告指依托计算机软件提供广告信息的广告形式,是植入式广告的一种,主要包括网络游戏广告(In - game Ads)和各类网络工具软件广告。随着互联网和网络终端设备的发展,尤其是智能手机的广泛使用,大量应用软件应运而生,促进了人们信息交换方式和广告盈利模式的深刻变革。软件广告与网络游戏的结合方式主要有:赞助冠名、游戏间歇插播、道具装备产品化等。软件广告在与网络工具软件结合时,诞生了一大批如QQ 对话框广告、风行视频软件插播广告、酷我音频广告等形式,同时催生了如360 安全卫士等免费软件的发展,被认为是更有前景的网络广告形式。

除此以外,由于计算机、网络的特殊属性,一些广告形式还可以结合起来或与其他网络产品共生出新的网络广告形式。如屏保广告、书签广告、网上活动赞助广告、网络广告软文、免费 ISP(互联网接入供应商)等。

(五)网络广告策划

网络广告策划是根据网络属性及受众特征,结合品牌策略与发展规划开展的全局性的运筹与规划。网络广告策划应贯穿整个网络广告活动,对环境分析、媒介选择、设计实施、效果监测、信息反馈等各个环节进行有效管理并持续改进,实现网络广告行为的价值最大化。

网络广告策划的一般流程如下。

1. 剖析发展策略,明确广告目标。任何广告形式、媒体形式的选择都要基于对品牌理念的深入了解和具体发展策略的剖析,先要回答“是否需要做广告”“做什么类型的广告”“广告要达到什么效果”“运用网络媒介能解决什么”等问题。在品牌推广和产品发展的不同阶段,针对不同的广告受众,广告形式的选择和推广策略都是不同的。比如，产品功能广告更适合品牌初创期和发展期，而形象广告更适合于品牌成熟期和维持期。选择网络广告的一大优势是在这一时期可以充分发挥网络互动性的特质，通过网上前期调研掌握关于品牌发展的具体信息，通过信息沟通了解受众对品牌的认识、情感、态度和行为的变化，从而更加精准合理地把握市场，确定广告目标。

2. 了解媒介特点，锁定目标受众。广告策划包含媒介策划的部分。既然选择网络媒介，就要对网络媒介有必要的理解和选择，充分发挥网络媒体时效性强、互动性高、形式多样的特点。网络媒体策划主要指对网络媒介的选择和组合，也包含网站与传统媒体的配合。不同网络环境和网站间的定位和覆盖人群是不同的，结合网站的定位、人群、口碑、流量、与品牌产品的匹配度、广告呈现形式、成本投入等要素进行综合评析，选择出最适合的网络媒体组合，是网络广告策划成功的重要前提。网络广告的目标受众有其特殊性，年轻化、信息化、快速消费是其主要特征。对此，广告策划应充分考虑品牌、产品等要素是否符合这类目标受众的消费习惯，如何实现与目标受众更加有效的接触，进而优化媒介策略和广告策略。

3. 开展广告创意，整合发布策略。创意是广告最灵动的部分，在市场环境分析、媒介分析、消费者分析等前期工作的基础上整体构思并通过多种表现手段的综合运用传达信息，体现着广告公司的行业水准与价值。网络广告创意有其独特的优势，具备传统媒体广告创意的各种条件，且表现力和互动性更强。可以运用多种方法提升创意的效果，如增加广告互动环节，用游戏功能吸引受众点击进入，通过搜索引擎和网站监测了解受众偏好，提升投放的精准度等。在完成创意的同时，还要整合发布策略，包括选定媒体平台，合理安排网络广告发布的时间和节奏，媒体间在广告发布形式、时间、规格、频次等因素上如何协调一致，广告发布过程中的检测与调整甚至突发情况预案等，以保证广告执行过程的流畅与高效。

4. 细化投放方案，估算广告成本。在完成创意与发布策略之后，要进一步评估各媒体的广告形式，衡量各媒体广告投放性价比，找到投放重心，理顺广告进程，进而细化投放方案，估算广告成本。网络广告的投放形式很多，价格策略灵活，如何将多种媒介、多种广告形式有机组合，使之既符合广告效果的需要，又符合广告预算的规定，是一件既要求技术又要求经验的工作。广告策划的使命之一就是在保证广告效果的同时提高投放性价比。这个环节的重要作用就是可以根据实际情况生成不同层次的投放方案，并根据广告主需求和成本随时调整广告进程。在此过程中，还要注意与其他营销工作的衔接和补充，包括建立企业主页、网络公关活动的配合、话题事件参与等方法。

5. 安排测试方案，生成策划文本。在网络广告正式发布之前，为了测试广告效果，降低投放风险，可选择一定数量的目标受众进行“试发布”，并根据测试结果与广告目标的符合程度做适当调整。网络媒体具有互动性和高效性的优势，较之传统媒体，安排测试方案的成本已经大为降低了。经过测试修改后的广告方案，在经过相关论证、可行性评估、投放效果预测后，可生成网络广告策划书。网络广告策划书的内容与其他媒介广告策划书类似，也包括市场分析、消费者分析、产品分析、广告策略、广告媒介策略、广告实施计划、广告费用预算、广告效果预测与监控等部分。

6. 网络广告创意。网络广告创意是以网络环境和信息技术手段为平台，在明确广告目的和策略的基础上进行的创造性的思维活动。不能简单地认为网络广告创意就是对广告产品本身的创意或将广告产品简单地搁置于网络环境之中。我们认为网络广告创意是结合网络本身的特点，对市场、受众、产品、竞争者、媒介等一系列广告要素的整体构思和创想，是对广告主题与策略进程有效传达的过程。它包括从创意准备、创意酝酿、创意形成到创意检验的完整周期及周期间不断完善、调整以保持其信息黏度的过程。与其他广告形式的创意原则一致，网络广告创意也要求具备原创性、真实性与准确性，精准地把握品牌内涵和策略，传达广告诉求。在此之上，由于网络广告创意植根于网络环境，而网络环境包罗万象，与其他媒介存在诸多差异，因此网络广告创意还要求具有下述三项原则。

(1)互动性。互动性是当前受众信息传播的需要，也是媒介发展的大势所趋，从简单的点击链接到通过网络与受众深度接触，互动广告已是网络环境下普遍的信息传播方式，也是更具感染力的广告形式。网络广告创意要深刻把握媒介特性与受众行为心理，充分发挥互联网本身的交互性和实时互动性。

(2)丰富性。丰富性指技术手段的丰富多样。作为一种超媒体，网络本身已经可以复制并兼容任何一种传统媒体形式，同时丰富了网络广告创意的发挥空间。传播的有效性很大程度上依赖对感官的刺激和记忆，这也就使得体验式消费成为更人性化和更可接受的消费模式。在创意中，有效运用网络媒介的这一特点，可以使广告创意事半功倍。

(3)简洁性。简洁性指内容传达的简洁纯粹。由于网络环境包罗万象，信息内容层叠不穷，要有效传达广告信息，广告创意不能含混不清，更不能拖泥带水。

以上述原则为基准,好的网络广告创意应该具有的特征是:①清晰简洁,新鲜独创;②色彩鲜明,音画动人;③激发兴趣,实时互动;④信息明确,检索便捷;⑤文化包容,价值认同;⑥位置醒目,定向传播;⑦媒介联合,放大效果;⑧注意节奏,保持黏性。

在当前的媒介环境中,强制性广告经常引起消费者的不满和投诉,那些会导致网络运行速度减慢、带有欺瞒性信息、带有不良暗示和影响受众页面操作的广告创意也会降低广告的效率和美誉度,在创意过程中一定要尽量避免。

二、网络广告实训

实训一　网络广告基础训练

【实训目的】帮助学生发现网络广告的属性和特点。

【实训原理】从对互联网的认识延伸到对网络广告的认识,了解网络广告的类别和各自发挥作用的机制,有助于学生建立对网络广告的全面理解。

【实训器材】:电脑(支持上网)

【实训内容】

步骤一　要求学生按概述中网络广告的八种基本类型进行广告收集,每种类型至少收集两个广告案例。

步骤二　集中展示收集的网络广告案例,并将学生分为八组,每组指定一种类型的网络广告,讨论该种类型的网络广告有哪些优缺点。

步骤三　各组同学做讨论结果汇报,教师给予点评和补充。

步骤四　除上述八种基本的网络广告形式外,教师结合实例,为学生展示其他的网络广告形式,并做此次实训总结。

【注意事项】观察每种类型的网络广告与其发布网站有何关联。

【预习思考题】互动在网络广告中的价值有哪些?

【实训回答题】网络广告的基本分类有哪些?它们各有哪些优缺点?

实训二　互动式网络广告策划与创意训练

【实训目的】帮助学生了解互动性在网络广告策划及创意中的优势和作用,在实训中掌握网络广告策略与网络广告创意的关系,能够根据广告策略形成若干创意诉求,合作完成策划案文本,并做模拟比稿。

【实训原理】网络广告不同于其他媒体广告,互动性强是其最大的特点和优势。互动使网络广告方便与受众进行深度沟通,提高受众对广告的好感度,方便广告效果的反馈,更能促使广告信息的二次传播和扩散。通过对网络广告策略和网络广告创意的完整接触,可帮助学生建立对网络广告的深入认识,使其能够在一段时间内深入思考并分工协作,将理论知识与创作实践更大限度地结合应用。

【实训器材】多媒体演示

【实训内容】

步骤一 为学生讲述“世界上最好的工作”(大堡礁看护员招聘广告)和“多芬百万女性真美大调查”经典网络广告案例。

步骤二 引导学生对上述经典网络广告案例进行分析,体会广告策划中对网络媒介聚合大众“参与”特点的运用,探讨互动式网络广告的优势和价值。

步骤三 将学生进行分组,每组 5 ~ 8 人。

步骤四 要求各组学生为本校“学生广告作品展”完成一份网络广告策划方案,注意广告策划中人际互动的利用。

步骤五 两周后,集中展示各组的策划方案,并进行策划方案和创意比稿,教师对各组策划案给予评价。

步骤六 各组根据比稿结果和反馈进行修改。

【注意事项】互动式广告方案的设计要充分考虑其可行性。

【实训回答题】网络广告策划的一般流程是什么?

后　　记
（代编著说明）

由于教学、科研等事务烦冗，作为学校精品实践教材的本教稿，主要为方便学校传播学、广告学专业本科学生的实践教学而准备，编撰历时近四年。随着行业、专业发展速度日益加快，书稿中有些案例已有滞后。作为编著者，我们颇感愧疚。

传播学、广告学专业与行业的知识，是需要在行进中紧密跟进和及时更新的。本书稿作为教材，是结合许多学者、专家的著述、教本，以及我们几位老师的教学实践探索和专业教学认识编写而成的。在此，一方面感谢不能一一枚举的学者、专家及其相关教材、教本，因不能一一注明，万分抱歉，敬请海涵；一方面为书中可能存在的不足与谬误深感不安，只能下决心在今后的教学实践中不断加以提升、完善。

本教材中媒体策划及思维方法、媒介经营管理策划、新闻传播、媒体项目策划实训等章节由郭媛媛、谭宇菲编写；广告策划与广告创意、思维方法、创意实训等章节由刘建一、李佳蔚编著。

致敬为本教材提供直接、间接支持及借鉴的相关学者！

感谢支持传播学、广告学实践教学探索的首都经济贸易大学教务处、文化与传播学院，以及首都经济贸易大学出版社和责编，以及参与实践探索的全体师生。

学习与教学是一辈子的事，因不足，更要奋起、前行！

是为后记！

作者

2019 年 6 月